대한민국 법령 시리즈 100

은행법

법령
시행령

해광출판사

머리말

이 책은 방대한 법전을 보지 않고 간편하게 해당되는 법령만 참고해서 볼 수 있도록 하였습니다. 공공기관이나 관련 종사자들이 쉽고 간편하게 해당 법령을 참조 할 수 있도록 하였습니다.

특히 해당법률은 물론 관련 시행령을 함께 실어 관련법을 서로 참고할 수 있게 하였습니다.

법률이라는 것이 크든 작든 항상 변하는 관계로, 출간 이후의 정확하고 최신의 법률은 법제처 국가법령정보센터에서 확인이 가능하니 법률의 실제 적용 시 확인이 필요한 점 유의하기를 바랍니다.

편집부

* 수록 법률은 법제처 국가법령정보센터에서 확인 가능합니다.
* 발행일 기준 시행 법률이므로 최신 법령은 위 센터에서 볼 수 있습니다.
* 본 책자에 수록된 법률의 문구에 대하여 법적인 효력은 없으며,
  실제 적용 법률은 위 센터에서 최신의 법률로 확인하시기 바랍니다.
* 해당 법령과 함께 시행령, 시행규칙도 수록되어 있습니다.
* 발행일 기준으로 개정 예정 법률은 밑줄로 별도 표시되어 있으며,
  보다 정확한 것은 법제처에서 확인하기 바랍니다.

목차

은행법

[시행 2023. 9. 22.] [법률 제19261호, 2023. 3. 21., 일부개정]

**개정 예정 법률 밑줄 별도 표시.

은행법

[시행 2023. 9. 22.] [법률 제19261호, 2023. 3. 21., 일부개정]

제1장 총칙 〈개정 2010. 5 17.〉

제1조(목적) 이 법은 은행의 건전한 운영을 도모하고 자금중개기능의 효율성을 높이며 예금자를 보호하고 신용질서를 유지함으로써 금융시장의 안정과 국민경제의 발전에 이바지함을 목적으로 한다.

[전문개정 2010. 5. 17.]

제2조(정의) ① 이 법에서 사용하는 용어의 뜻은 다음과 같다. 〈개정 2013. 8. 13., 2015. 7. 24., 2021. 4. 20.〉

1. "은행업"이란 예금을 받거나 유가증권 또는 그 밖의 채무증서를 발행하여 불특정 다수인으로부터 채무를 부담함으로써 조달한 자금을 대출하는 것을 업(業)으로 하는 것을 말한다.
2. "은행"이란 은행업을 규칙적·조직적으로 경영하는 한국은행 외의 모든 법인을 말한다.
3. "상업금융업무"란 대부분 요구불예금을 받아 조달한 자금을 1년 이내의 기한으로 대출하거나 금융위원회가 예금 총액을 고려하여 정하는 최고 대출한도를 초과하지 아니하는 범위에서 1년 이상 3년 이내의 기한으로 대출하는 업무를 말한다.
4. "장기금융업무"란 자본금·적립금 및 그 밖의 잉여금, 1년 이상의 기한부 예금 또는 사채(社債)나 그 밖의 채권을 발행하여 조달한 자금을 1년을 초과하는 기한으로 대출하는 업무를 말한다.
5. "자기자본"이란 국제결제은행의 기준에 따른 기본자본과 보완자본의 합계액을 말한다.

6. “지급보증”이란 은행이 타인의 채무를 보증하거나 인수하는 것을 말한다.

7. “신용공여”란 대출, 지급보증 및 유가증권의 매입(자금지원적 성격인 것만 해당한다), 그 밖에 금융거래상의 신용위험이 따르는 은행의 직접적·간접적 거래를 말한다.

8. “동일인”이란 본인 및 그와 대통령령으로 정하는 특수관계에 있는 자(이하 “특수관계인”이라 한다)를 말한다.

9. “비금융주력자”란 다음 각 목의 어느 하나에 해당하는 자를 말한다.

가. 동일인 중 비금융회사(대통령령으로 정하는 금융업이 아닌 업종을 운영하는 회사를 말한다. 이하 같다)인 자의 자본총액(재무상태표상 자산총액에서 부채총액을 뺀 금액을 말한다. 이하 같다)의 합계액이 동일인 중 회사인 자의 자본총액의 합계액의 100분의 25 이상인 경우의 그 동일인

나. 동일인 중 비금융회사인 자의 자산총액의 합계액이 2조원 이상으로서 대통령령으로 정하는 금액 이상인 경우의 그 동일인

다. 「자본시장과 금융투자업에 관한 법률」에 따른 투자회사(이하 “투자회사”라 한다)로서 가목 또는 나목의 자가 그 발행주식 총수의 100분의 4를 초과하여 주식을 보유(동일인이 자기 또는 타인의 명의로 주식을 소유하거나 계약 등에 의하여 의결권을 가지는 것을 말한다. 이하 같다)하는 경우의 그 투자회사

라. 「자본시장과 금융투자업에 관한 법률」에 따른 기관전용 사모집합투자기구(이하 “기관전용 사모집합투자기구”라 한다)로서 다음 각각의 어느 하나에 해당하는 기관전용 사모집합투자기구

1) 가목부터 다목까지의 어느 하나에 해당하는 자가 기관전용 사모집합투자기구 출자총액의 100분의 10 이상 지분을 보유하는 유한책임사원인 경우(이 경우 지분계산에 있어서 해당 사원과 다른 유한책임사원으로서 해당 사원의 특수관계인의 지분을 포함한다)

2) 가목부터 다목까지의 어느 하나에 해당하는 자가 기관전용 사모집합투자기구의 무한책임사원인 경우[다만, 가목부터 다목까

지의 어느 하나에 해당하지 아니하는 무한책임사원이 다른 기관전용 사모집합투자기구를 통하여 비금융회사의 주식 또는 지분에 투자함으로써 가목부터 다목까지의 어느 하나에 해당하게 된 경우로서 해당 기관전용 사모집합투자기구의 유한책임사원(해당 사원과 다른 유한책임사원으로서 해당 사원의 특수관계인을 포함한다)이 그 다른 기관전용 사모집합투자기구에 출자하지 아니한 경우에는 이를 제외한다]

3) 다른 상호출자제한기업집단(「독점규제 및 공정거래에 관한 법률」에 따른 상호출자제한기업집단을 말한다. 이하 같다)에 속하는 각각의 계열회사(「독점규제 및 공정거래에 관한 법률」에 따른 계열회사를 말한다. 이하 같다)가 취득한 기관전용 사모집합투자기구의 지분의 합이 기관전용 사모집합투자기구 출자총액의 100분의 30 이상인 경우

마. 라목에 해당하는 기관전용 사모집합투자기구(「자본시장과 금융투자업에 관한 법률」에 따른 투자목적회사의 주식 또는 지분을 취득한 자 중 이 호 가목부터 다목까지의 어느 하나에 해당하는 자를 포함한다)가 투자목적회사의 주식 또는 지분의 100분의 4를 초과하여 취득·보유하거나 임원의 임면 등 주요 경영사항에 대하여 사실상의 영향력을 행사하는 경우의 해당 투자목적회사

10. "대주주(大株主)"란 다음 각 목의 어느 하나에 해당하는 자를 말한다.

가. 은행의 주주 1인을 포함한 동일인이 은행의 의결권 있는 발행주식 총수의 100분의 10[전국을 영업구역으로 하지 아니하는 은행(이하 "지방은행"이라 한다)의 경우에는 100분의 15]을 초과하여 주식을 보유하는 경우의 그 주주 1인

나. 은행의 주주 1인을 포함한 동일인이 은행(지방은행은 제외한다)의 의결권 있는 발행주식 총수(제16조의2제2항에 따라 의결권을 행사할 수 없는 주식은 제외한다)의 100분의 4를 초과하여 주식을 보유하는 경우로서 그 동일인이 최대주주이거나 대통령령으로 정하는 바에 따라 임원을 임면(任免)하는 등의 방법으로 그 은행의 주

요 경영사항에 대하여 사실상 영향력을 행사하고 있는 자인 경우의 그 주주 1인

② 자기자본 및 신용공여의 구체적 범위에 대하여는 대통령령으로 정하는 바에 따라 금융위원회가 정한다.

[전문개정 2010. 5. 17.]

제3조(적용 법규) ① 대한민국에 있는 모든 은행은 이 법, 「한국은행법」, 「금융위원회의 설치 등에 관한 법률」, 「금융회사의 지배구조에 관한 법률」 및 이에 따른 규정 및 명령에 따라 운영되어야 한다. 〈개정 2015. 7. 31.〉

② 이 법과 「한국은행법」은 「상법」이나 그 밖의 법령에 우선하여 적용한다.

[전문개정 2010. 5. 17.]

제4조(법인) 법인이 아니면 은행업을 경영할 수 없다.

[전문개정 2010. 5. 17.]

제5조 삭제 〈2016. 5. 29.〉

제6조(보험사업자 등) 보험사업자와 상호저축은행업무 또는 신탁업무만을 경영하는 회사는 은행으로 보지 아니한다.

[전문개정 2010. 5. 17.]

제7조(은행 해당 여부의 결정) ① 법인이 은행에 해당하는지 여부는 금융위원회가 결정한다.

② 금융위원회는 제1항에 따른 결정을 위하여 필요하면 해당 법인에 장부와 그 밖의 서류를 제출하도록 요구할 수 있다.

[전문개정 2010. 5. 17.]

제2장 은행업의 인가 등 〈개정 2010. 5. 17.〉

제8조(은행업의 인가) ① 은행업을 경영하려는 자는 금융위원회의 인가를 받아야 한다.

② 제1항에 따른 은행업 인가를 받으려는 자는 다음 각 호의 요건을 모두 갖추어야 한다. 〈개정 2013. 8. 13., 2015. 7. 31.〉

1. 자본금이 1천억원 이상일 것. 다만, 지방은행의 자본금은 250

억원 이상으로 할 수 있다.

2. 은행업 경영에 드는 자금 조달방안이 적정할 것

3. 주주구성계획이 제15조, 제15조의3 및 제16조의2에 적합할 것

4. 대주주가 충분한 출자능력, 건전한 재무상터 및 사회적 신용을 갖출 것

5. 사업계획이 타당하고 건전할 것

6. 발기인(개인인 경우만 해당한다) 및 임원이 「금융회사의 지배구조에 관한 법률」 제5조에 적합할 것

7. 은행업을 경영하기에 충분한 인력, 영업시설, 전산체계 및 그 밖의 물적 설비를 갖출 것

③ 제2항에 따른 요건 등에 관하여 필요한 세부사항은 대통령령으로 정한다.

④ 금융위원회는 제1항에 따른 인가를 하는 경우에 금융시장의 안정, 은행의 건전성 확보 및 예금자 보호를 위하여 필요한 조건을 붙일 수 있다.

⑤ 제4항에 따라 조건이 붙은 은행업 인가를 받은 자는 사정의 변경, 그 밖에 정당한 사유가 있는 경우에는 금융위원회에 그 조건의 취소 또는 변경을 신청할 수 있다. 이 경우 금융위원회는 2개월 이내에 조건의 취소 또는 변경 여부를 결정하고, 그 결과를 지체 없이 신청인에게 문서로 알려야 한다.

[전문개정 2010. 5. 17.]

제9조(최저자본금) 은행은 제8조에 따른 인가를 받아 은행업을 경영할 때 같은 조 제2항제1호에 따른 자본금을 유지하여야 한다.

[전문개정 2010. 5. 17.]

제10조(자본금 감소의 승인) ① 은행이 주식 수 감소 등 대통령령으로 정하는 자본금의 감소에 해당하는 행위를 하려는 경우에는 금융위원회의 승인을 받아야 한다. 〈개정 2016. 3. 29.〉

② 제1항에 따른 승인을 받으려는 자는 다음 각 호의 요건을 모두 갖추어 신청하여야 한다. 〈개정 2016. 3. 29.〉

1. 자본금 감소가 관계 법령에 위반되지 아니할 것
2. 재무구조의 개선 목적 등 자본금 감소의 불가피성이 인정될 것
3. 예금자 등 은행이용자의 권익을 침해하지 아니할 것

③ 금융위원회는 제2항에 따른 신청이 있는 때에는 신청일부터 30일 이내에 승인여부를 결정하여야 한다. 〈신설 2016. 3. 29.〉

④ 제2항에 따른 요건 등에 관하여 필요한 세부 사항은 대통령령으로 정한다. 〈신설 2016. 3. 29.〉

⑤ 금융위원회가 제1항에 따른 승인을 하는 경우에는 제8조제4항 및 제5항을 준용한다. 〈신설 2016. 3. 29.〉

[전문개정 2010. 5. 17.]

[제목개정 2016. 3. 29.]

제11조(신청서 등의 제출) ① 제8조에 따른 인가를 받으려는 자는 신청서를 금융위원회에 제출하여야 한다.

② 제1항에 따른 신청서의 내용과 종류는 대통령령으로 정한다.

[전문개정 2010. 5. 17.]

제11조의2(예비인가) ① 제8조에 따른 인가(이하 이 조에서 "본인가"라 한다)를 받으려는 자는 미리 금융위원회에 예비인가를 신청할 수 있다.

② 금융위원회는 제1항에 따른 예비인가 여부를 결정할 때 예비인가를 받으려는 자가 본인가 요건을 모두 충족할 수 있는지를 확인하여야 한다.

③ 금융위원회는 제2항에 따른 예비인가에 조건을 붙일 수 있다.

④ 금융위원회는 예비인가를 받은 자가 본인가를 신청하는 경우에는 제3항에 따른 예비인가 조건을 이행하였는지와 본인가 요건을 모두 충족하는지를 확인한 후 본인가 여부를 결정하여야 한다.

⑤ 예비인가에 관하여는 제8조제3항 및 제11조를 준용한다.

[본조신설 2010. 5. 17.]

제12조(인가 등의 공고) 금융위원회는 제8조에 따른 인가를 하거나 제53조제2항에 따라 인가를 취소한 경우에는 지체 없이 그 내용을 관보에 공고하고 인터넷 홈페이지 등을 이용하여 일반인에게 알려야

한다.

[전문개정 2010. 5. 17.]

제13조(국외현지법인 등의 신설) ① 은행이 대한민국 외에 소재하는 제37조제2항에 따른 자회사등(이하 "국외현지법인"이라 한다) 또는 지점(이하 "국외지점"이라 한다)을 신설하려는 경우에는 신설계획을 수립하여야 한다.

② 제1항에 따른 신설계획을 수립한 은행 중 다음 각 호의 사항 등을 고려하여 대통령령으로 정하는 경우에는 그 계획을 미리 금융위원회에 신고하여야 한다.

1. 해당 은행, 그 국외현지법인 및 국외지점의 경영건전성
2. 해당 은행의 국외현지법인 및 국외지점의 진출방식
3. 해당 은행의 국외현지법인 및 국외지점의 업무범위
4. 해당 은행의 국외현지법인 및 국외지점이 소재할 국가의 특성

③ 금융위원회는 제2항에 따라 신고받은 내용이 은행의 경영건전성 및 금융시장의 안정성을 해칠 우려가 있는 경우 신설계획의 보완, 변경 및 제한을 명할 수 있다.

[전문개정 2010. 5. 17.]

제14조(유사상호 사용 금지) 한국은행과 은행이 아닌 자는 그 상호 중에 은행이라는 문자를 사용하거나 그 업무를 표시할 때 은행업 또는 은행업무라는 문자를 사용할 수 없으며, 은행·은행업 또는 은행업무와 같은 의미를 가지는 외국어 문자로서 대통령령으로 정하는 문자를 사용할 수 없다.

[전문개정 2010. 5. 17.]

제3장 은행 주식의 보유한도 등 〈개정 2010. 5. 17.〉

제15조(동일인의 주식보유한도 등) ① 동일인은 은행의 의결권 있는 발행주식 총수의 100분의 10을 초과하여 은행의 주식을 보유할 수 없다. 다만, 다음 각 호의 어느 하나에 해당하는 경우와 제3항 및 제16조의2제3항의 경우에는 그러하지 아니하다.

1. 정부 또는 「예금자보호법」에 따른 예금보험공사가 은행의 주식

을 보유하는 경우
2. 지방은행의 의결권 있는 발행주식 총수의 100분의 15 이내에서 보유하는 경우
② 동일인(대통령령으로 정하는 자를 제외한다)은 다음 각 호의 어느 하나에 해당하게 된 경우에는 은행 주식보유상황 또는 주식보유비율의 변동상황 확인을 위하여 필요한 사항으로서 대통령령으로 정하는 사항을 금융위원회에 보고하여야 한다. 〈개정 2015. 7. 24., 2021. 4. 20.〉
1. 은행(지방은행은 제외한다. 이하 이 항에서 같다)의 의결권 있는 발행주식 총수의 100분의 4를 초과하여 주식을 보유하게 되었을 때
2. 제1호에 해당하는 동일인이 해당 은행의 최대주주가 되었을 때
3. 제1호에 해당하는 동일인의 주식보유비율이 해당 은행의 의결권 있는 발행주식 총수의 100분의 1 이상 변동되었을 때
4. 은행의 의결권 있는 발행주식총수의 100분의 4를 초과하여 보유한 기관전용 사모집합투자기구의 경우 그 사원의 변동이 있을 때
5. 은행의 의결권 있는 발행주식총수의 100분의 4를 초과하여 보유한 투자목적회사의 경우 그 주주 또는 사원의 변동이 있을 때(해당 투자목적회사의 주주 또는 사원인 기관전용 사모집합투자기구의 사원의 변동이 있을 때를 포함한다)
③ 제1항 각 호 외의 부분 본문에도 불구하고 동일인은 다음 각 호의 구분에 따른 한도를 각각 초과할 때마다 금융위원회의 승인을 받아 은행의 주식을 보유할 수 있다. 다만, 금융위원회는 은행업의 효율성과 건전성에 기여할 가능성, 해당 은행 주주의 보유지분 분포 등을 고려하여 필요하다고 인정되는 경우에만 각 호에서 정한 한도 외에 따로 구체적인 보유한도를 정하여 승인할 수 있으며, 동일인이 그 승인받은 한도를 초과하여 주식을 보유하려는 경우에는 다시 금융위원회의 승인을 받아야 한다.
1. 제1항 각 호 외의 부분 본문에서 정한 한도(지방은행의 경우에

는 제1항제2호에서 정한 한도)

2. 해당 은행의 의결권 있는 발행주식 총수의 100분의 25

3. 해당 은행의 의결권 있는 발행주식 총수의 100분의 33

④ 금융위원회는 제3항에 따른 승인을 하지 아니하는 경우에는 대통령령으로 정하는 기간 이내에 신청인에게 그 사유를 명시하여 알려야 한다.

⑤ 제2항을 적용할 때 보고의 절차·방법·세부기준과 제3항을 적용할 때 은행의 주식을 보유할 수 있는 자의 자격, 주식보유와 관련한 승인의 요건·절차, 그 밖에 필요한 사항은 다음 각 호의 사항 등을 고려하여 대통령령으로 정한다

1. 해당 은행의 건전성을 해칠 위험성

2. 자산규모 및 재무상태의 적정성

3. 해당 은행으로부터 받은 신용공여의 규모

4. 은행업의 효율성과 건전성에 기여할 가능성

⑥ 투자회사가 제3항에 따른 승인을 받아 은행의 주식을 보유하는 경우 그 투자회사에 대하여는 「자본시장과 금융투자업에 관한 법률」 제81조제1항제1호가목부터 다목까지를 적용하지 아니한다.

⑦ 금융위원회는 해당 은행이 다음 각 호의 어느 하나에 해당하는 경우에는 제5항에 따른 승인의 요건을 갖추지 아니한 경우에도 승인을 할 수 있다. 〈개정 2015. 12. 22.〉

1. 「금융산업의 구조개선에 관한 법률」 제2조제2호에 따른 부실금융기관인 경우

2. 「예금자보호법」 제2조제5호에 따른 부실금융회사인 경우

3. 「예금자보호법」 제2조제6호에 따른 부실우려금융회사인 경우

4. 제34조제2항에 따른 경영지도기준을 준수하지 못하는 등 금융위원회가 정하여 고시하는 경우

⑧ 금융위원회 또는 은행은 그 은행의 주식을 보유하고 있는 동일인과 그 동일인이 보유하는 주식의 범위를 확인하기 위하여 그 은행의 주주에게 필요한 자료의 제출을 요구할 수 있다.

⑨ 제8항에 따른 자료 제출 요구와 관련하여 필요한 사항은 대통

령령으로 정한다.

[전문개정 2010. 5. 17.]

제15조의2 삭제 〈2013. 8. 13.〉

제15조의3(기관전용 사모집합투자기구등의 주식보유에 대한 승인 등) ① 삭제 〈2013. 8. 13.〉

② 기관전용 사모집합투자기구 또는 투자목적회사(이하 "기관전용 사모집합투자기구등"이라 한다)가 제15조제3항에 따른 승인을 받고자 하는 경우에는 다음 각 호의 요건을 모두 갖추어야 한다. 〈개정 2013. 8. 13., 2015. 7. 24., 2021. 4. 20.〉

1. 기관전용 사모집합투자기구의 업무집행사원에 관한 요건

가. 법인으로서 자신이 업무집행사원으로 있거나 그 재산운용을 위탁받은 기관전용 사모집합투자기구등의 다른 사원 또는 주주의 특수관계인이 아닐 것

나. 자신이 업무집행사원으로 있거나 그 재산운용을 위탁받은 기관전용 사모집합투자기구등의 다른 사원 또는 주주가 해당 기관전용 사모집합투자기구등의 재산인 주식 또는 지분에 대하여 영향력을 행사하는 것을 배제할 수 있을 정도의 자산운용 능력·경험 및 사회적 신용을 갖출 것

2. 그 밖에 기관전용 사모집합투자기구등의 주식보유가 해당 은행의 건전성에 미치는 영향 등을 고려하여 대통령령으로 정하는 요건

③ 금융위원회는 제15조제3항에 따른 승인을 위한 심사를 함에 있어서 제2항의 요건에 해당하는지 여부를 확인하기 위하여 필요한 경우에는 해당 기관전용 사모집합투자기구등 또는 그 재산운용 등을 담당하는 업무집행사원에게 해당 기관전용 사모집합투자기구등의 정관, 그 밖에 그 주주 또는 사원 사이에 체결된 계약내용 등 대통령령으로 정하는 정보 또는 자료의 제공을 요구할 수 있다. 〈개정 2013. 8. 13., 2015. 7. 24., 2021. 4. 20.〉

④ 금융위원회는 제15조제3항에 따른 승인을 하지 아니하는 경우에는 대통령령으로 정하는 기간 이내에 신청인에게 그 사유를 명시하여 통지하여야 한다. 〈개정 2013. 8. 13.〉

⑤ 삭제 〈2013. 8. 13.〉

⑥ 금융위원회는 제15조제3항에 따른 승인을 함에 있어서 해당 은행 주주의 보유지분분포 · 구성내역, 해당 기관전용 사모집합투자기구등의 사원 또는 주주의 구성내역 등을 고려하여 해당 기관전용 사모집합투자기구등이 은행의 주요 경영사항에 대하여 사실상 영향력 행사의 가능성이 높은 경우에는 경영관여 등과 관련하여 필요한 조건을 붙일 수 있다. 〈개정 2013. 8. 13., 2015. 7. 24., 2021. 4. 20.〉

⑦ 제15조제3항에 따른 승인의 절차 · 심사방법, 제2항의 요건의 세부기준, 그 밖에 필요한 사항은 대통령령으로 정한다. 〈개정 2013. 8. 13.〉

[전문개정 2010. 5. 17.]

[제목개정 2015. 7. 24., 2021. 4. 20.]

제15조의4(기관전용 사모집합투자기구등의 보고사항) 제15조제3항에 따른 승인을 받아 은행의 주식을 보유한 기관전용 사모집합투자기구등이 제15조의3제3항에 따라 금융위원회에 제출한 정보 또는 자료의 내용에 변경이 있는 경우에는 지체 없이 그 사실을 금융위원회에 보고하여야 한다. 〈개정 2013. 8. 13., 2015. 7. 24., 2021. 4. 20.〉

[전문개정 2010. 5. 17.]

[제목개정 2015. 7. 24., 2021. 4. 20.]

제15조의5(기관전용 사모집합투자기구등의 의무) 기관전용 사모집합투자기구등 또는 그 주주 · 사원은 제15조제3항에 따른 승인을 받아 은행의 주식을 보유한 경우 다음 각 호의 어느 하나에 해당하는 행위를 하여서는 아니 된다. 〈개정 2013. 8. 13., 2015. 7. 24., 2021. 4. 20.〉

1. 기관전용 사모집합투자기구의 유한책임사원 또는 투자목적회사로부터 재산운용을 위탁받은 기관전용 사모집합투자기구의 업무집행사원 이외의 자가 기관전용 사모집합투자기구등이 보유한 은행의 주식의 의결권 행사에 영향을 미치는 행위

2. 비금융회사의 주식 또는 지분에 투자함으로써 「자본시장과 금융투자업에 관한 법률」 제249조의7제5항제1호 또는 제2호의 요건을 충족하게 되는 행위

3. 이 법 또는 이 법에 따른 명령을 위반하는 행위

4. 주주 또는 사원 사이에 이 법 또는 다른 금융 관련 법령을 위반하는 계약을 체결하는 행위 등 대통령령으로 정하는 행위

[전문개정 2010. 5. 17.]

[제목개정 2015. 7. 24., 2021. 4. 20.]

第16조(한도초과주식의 의결권 제한 등) ① 동일인이 제15조제1항·제3항 또는 제16조의2제1항·제2항에 따른 주식의 보유한도를 초과하여 은행의 주식을 보유하는 경우 제15조제1항·제3항 또는 제16조의2제1항·제2항에 따른 한도를 초과하는 주식에 대하여는 그 의결권을 행사할 수 없으며, 지체 없이 그 한도에 적합하도록 하여야 한다. 〈개정 2013. 8. 13.〉

② 제1항에도 불구하고 제33조제1항제3호에 따라 발행된 은행주식 전환형 조건부자본증권이 은행의 주식으로 전환됨에 따라 동일인이 다음 각 호의 어느 하나에 해당하게 되는 경우에는 해당 각 호의 구분에 따른다. 〈신설 2016. 3. 29.〉

1. 제15조제1항·제3항에 따른 주식의 보유한도를 초과하여 은행의 주식을 보유하게 되는 경우: 다음 각 목의 절차를 모두 완료하여야 하며, 그 완료 전까지는 보유한도를 초과하여 보유하는 주식에 대하여 그 의결권을 행사할 수 없다.

가. 대통령령으로 정하는 기간 이내에 제15조제1항·제3항에 따른 한도를 초과하는 은행 주식의 보유사실을 금융위원회에 보고할 것

나. 대통령령으로 정하는 기간 이내에 다음의 어느 하나에 해당하는 조치를 완료할 것. 다만, 불가피한 사유가 있는 경우에는 금융위원회의 승인을 받아 6개월 이내의 범위에서 그 기간을 연장할 수 있다.

1) 제15조제3항에 따른 금융위원회의 승인을 받는 조치

2) 제15조제1항·제3항에 따른 한도를 초과하지 아니하도록 하는 조치

2. 제16조의2제1항에 따른 주식의 보유한도(지방은행의 경우는 제외한다)를 초과하고, 같은 조 제2항에 따른 주식의 보유한도 이내에서 은행의 주식을 보유하게 되는 경우: 보유한도를 초과하여 보유하는 주식에 대해서는 그 의결권을 행사할 수 없으며, 다음 각 목의 절차를 모두 완료하여야 한다.

가. 대통령령으로 정하는 기간 이내에 제16조의2제1항에 따른 한도를 초과하는 은행 주식의 보유사실을 금융위원회에 보고할 것

나. 대통령령으로 정하는 기간 이내에 다음의 어느 하나에 해당하는 조치를 완료할 것. 다만, 불가피한 사유가 있는 경우에는 금융위원회의 승인을 받아 6개월 이내의 범위에서 그 기간을 연장할 수 있다.

1) 제16조의2제2항에 따른 금융위원회의 승인을 받는 조치

2) 제16조의2제1항에 따른 한도를 초과하지 아니하도록 하는 조치

3. 제16조의2제1항에 따른 주식의 보유한도(지방은행의 경우만 해당한다) 또는 같은 조 제2항에 따른 주식의 보유한도를 초과하여 은행의 주식을 보유하게 되는 경우: 보유한도를 초과하여 보유하는 주식에 대해서는 그 의결권을 행사할 수 없으며, 지체 없이 그 한도에 적합하도록 하여야 한다.

③ 금융위원회는 동일인이 제1항 또는 제2항을 준수하지 아니하는 경우에는 6개월 이내의 기간을 정하여 그 한도를 초과하는 주식을 처분할 것을 명할 수 있다. 〈개정 2013. 8. 13., 2016. 3. 29.〉

④ 제2항제1호가목 및 제2호가목에 따른 보고의 절차 및 방법 등은 금융위원회가 정하여 고시한다. 〈신설 2016. 3. 29.〉

[전문개정 2010. 5. 17.]

제16조의2(비금융주력자의 주식보유제한 등) ① 비금융주력자(「독점규제 및 공정거래에 관한 법률」 제32조에 따라 상호출자제한기업집단등에서 제외되어 비금융주력자에 해당하지 아니하게 된 자로서 그

제외된 날부터 대통령령으로 정하는 기간이 지나지 아니한 자를 포함한다. 이하 제2항에서 같다)는 제15조제1항에도 불구하고 은행의 의결권 있는 발행주식 총수의 100분의 4(지방은행의 경우에는 100분의 15)를 초과하여 은행의 주식을 보유할 수 없다. 〈개정 2013. 8. 13., 2020. 12. 29.〉

② 제1항에도 불구하고 비금융주력자가 제1항에서 정한 한도(지방은행인 경우는 제외한다)를 초과하여 보유하려는 은행의 주식에 대한 의결권을 행사하지 아니하는 조건으로 재무건전성 등 대통령령으로 정하는 요건을 충족하여 금융위원회의 승인을 받은 경우에는 제15조제1항 각 호 외의 부분 본문에서 정한 한도까지 주식을 보유할 수 있다.

③ 다음 각 호의 어느 하나에 해당하는 비금융주력자에 대하여는 제1항·제2항에도 불구하고 제15조제1항 각 호 외의 부분 본문 및 같은 조 제3항을 적용한다. 〈개정 2013. 8. 13.〉

1. 2년 이내에 비금융주력자가 아닌 자로 전환하기 위한 계획(이하 "전환계획"이라 한다)을 금융위원회에 제출하여 승인을 받은 비금융주력자

2. 「외국인투자 촉진법」에 따른 외국인(이하 "외국인"이라 한다)의 은행에 대한 주식보유비율 이내에서 주식을 보유하는 비금융주력자

3. 「국가재정법」 제5조에 따른 기금 또는 그 기금을 관리·운용하는 법인(법률에 따라 기금의 관리·운용을 위탁받은 법인을 포함하며, 이하 이 호에서 "기금등"이라 한다)으로서 다음 각 목의 요건을 모두 갖추어 금융위원회의 승인을 받은 비금융주력자

가. 은행의 주식을 보유한 기금등과 은행의 예금자, 다른 주주 등 이해관계자 사이에 발생할 수 있는 이해상충을 방지하기 위하여 대통령령으로 정하는 체계를 갖출 것

나. 가목의 이해상충의 방지를 위하여 금융위원회가 정하여 고시하는 기관으로부터 필요한 범위 내에서 감독 및 검사를 받을 것

다. 그 밖에 기금등의 주식보유가 은행의 건전성에 미치는 영향 등을 고려하여 대통령령으로 정하는 요건

④ 비금융주력자가 제3항제2호에 따라 은행의 주식을 보유한 후 외국인의 주식보유비율을 초과하게 된 경우에는 그 초과 보유한 주식에 대하여는 의결권을 행사할 수 없다.

⑤ 금융위원회는 1년 이내의 기간을 정하여 제4항에 따라 비금융주력자가 초과 보유한 주식을 처분할 것을 명할 수 있다. 다만, 금융위원회는 비금융주력자가 초과 보유한 주식의 규모, 증권시장의 상황 등에 비추어 부득이하다고 인정되는 경우에는 그 기간을 정하여 주식의 처분기한을 연장할 수 있다.

⑥ 비금융주력자가 제3항제2호에 따라 주식을 보유할 수 있는 은행의 수는 1개로 제한한다.

⑦ 제3항제1호에 따른 전환계획의 승인 요건 및 제3항제3호의 승인의 절차·방법, 그 밖에 승인 심사에 필요한 사항은 대통령령으로 정한다.

[전문개정 2010. 5. 17.]

제16조의3(전환계획에 대한 평가 및 점검 등) ① 제16조의2제3항제1호에 따른 승인을 신청하려는 비금융주력자는 전환계획을 금융위원회에 제출하여야 하며, 금융위원회는 전환계획에 대한 전문기관의 평가가 필요하다고 인정하는 경우에는 금융위원회가 정하는 바에 따라 그 평가를 할 수 있다.

② 금융위원회는 제16조의2제3항제1호에 따라 전환계획에 대한 승인을 받아 같은 조 제1항에서 정한 한도를 초과하여 은행의 주식을 보유하는 비금융주력자(이하 "전환대상자"라 한다)의 전환계획 이행 상황을 대통령령으로 정하는 바에 따라 정기적으로 점검하고 그 결과를 인터넷 홈페이지 등을 이용하여 공시하여야 한다.

③ 금융위원회는 제2항에 따른 점검 결과 전환대상자가 전환계획을 이행하지 아니하고 있다고 인정되는 경우에는 6개월 이내의 기간을 정하여 그 이행을 명할 수 있다.

④ 다음 각 호의 어느 하나에 해당하는 전환대상자는 제16조의2제1항에서 정한 한도를 초과하여 보유하는 은행의 주식에 대하여는 의결권을 행사할 수 없다.

1. 금융위원회로부터 제3항에 따른 이행명령을 받은 전환대상자

2. 제48조의2제1항제1호나목의 사유에 따라 제43조의2제1항에 따른 금융감독원장의 검사 결과 은행과의 불법거래 사실이 확인된 전환대상자

⑤ 금융위원회는 전환대상자가 다음 각 호의 어느 하나에 해당하면 6개월 이내의 기간을 정하여 제16조의2제1항에서 정한 한도를 초과하여 보유하는 은행의 주식을 처분할 것을 명할 수 있다.

1. 제3항에 따른 이행명령을 이행하지 아니하는 경우

2. 제4항제2호에 해당하는 경우

[전문개정 2010. 5. 17.]

제16조의4(한도초과보유주주등에 대한 적격성심사 등) ① 금융위원회는 제15조제3항 및 제16조의2제3항에 따라 은행의 주식을 보유하는 자(이하 이 조에서 "한도초과보유주주등"이라 한다)가 그 주식을 보유한 후에도 각각 제15조제5항 및 제15조의3제7항에 따른 자격 및 승인의 요건(이하 이 조에서 "초과보유요건등"이라 한다)을 충족하는지 여부를 대통령령으로 정하는 바에 따라 심사하여야 한다. 〈개정 2013. 8. 13.〉

② 금융위원회는 제1항에 따른 심사를 위하여 필요한 경우에는 은행 또는 한도초과보유주주등에 대하여 필요한 자료 또는 정보의 제공을 요구할 수 있다.

③ 금융위원회는 제1항에 따른 심사 결과 한도초과보유주주등이 초과보유요건등을 충족하지 못하고 있다고 인정되는 경우에는 6개월 이내의 기간을 정하여 초과보유요건등을 충족하도록 명할 수 있다.

④ 제3항에 따른 명령을 받은 한도초과보유주주등은 그 명령을 이행할 때까지 제15조제3항제1호에서 정한 한도(한도초과보유주주등이 비금융주력자인 경우에는 제16조의2제1항에서 정한 한도를 말한다. 이하 제5항에서 같다)를 초과하여 보유하는 은행의 주식에 대하여는 의결권을 행사할 수 없다. 〈개정 2013. 8. 13.〉

⑤ 금융위원회는 제3항에 따른 명령을 받은 한도초과보유주주등

이 그 명령을 이행하지 아니하는 경우에는 6개월 이내의 기간을 정하여 그 한도초과보유주주등이 제15조제3항제1호에서 정한 한도를 초과하여 보유하는 은행의 주식을 처분할 것을 명할 수 있다.

⑥ 금융위원회는 제1항의 초과보유요건등의 충족 여부를 심사할 경우 제16조의2제3항제3호에 해당하는 자에 대하여 같은 호 각 목의 요건을 충족하고 있는지 여부를 심사하여야 한다.

[전문개정 2010. 5. 17.]

제16조의5(외국은행등에 대한 특례) ① 금융위원회는 외국에서 은행업을 주로 경영하는 회사 또는 해당 법인의 지주회사(이하 이 조에서 “외국은행등”이라 한다)를 포함하는 동일인이 제2조제1항제9호가목 및 나목에 해당하는지 여부를 판단할 때 외국은행등이 다음 각 호의 요건을 모두 충족하는 경우로서 그 외국은행등의 신청이 있는 경우에는 제2조제1항제8호에도 불구하고 그 외국은행등이 직접적·간접적으로 주식 또는 출자지분을 보유하는 외국 법인으로서 외국법에 따라 설립된 법인(또는 이에 준하는 것으로서 금융위원회가 인정하는 단체·조합 등을 포함한다)을 동일인의 범위에서 제외할 수 있다. 다만, 그 외국 법인이 그 외국은행등이 주식을 보유하는 은행의 주식을 직접적·간접적으로 보유하는 경우에는 그러하지 아니하다.

1. 자산총액, 영업규모 등에 비추어 국제적 영업활동에 적합하고 국제적 신인도가 높을 것

2. 해당 외국의 금융감독기관으로부터 해당 외국은행등의 건전성 등과 관련한 감독을 충분히 받을 것

3. 금융위원회가 해당 외국의 금융감독당국과 정보교환 등 업무협조 관계에 있을 것

② 금융위원회는 제1항에 따른 요건의 세부기준, 해당 외국은행등의 신청의 절차 및 방법 등에 관하여 필요한 사항을 정하여 고시할 수 있다.

[전문개정 2010. 5. 17.]

제17조 삭제 〈2010. 5. 17.〉

제4장 지배구조 〈개정 2010. 5. 17.〉

제18조 삭제 〈2015. 7. 31.〉

제19조 삭제 〈1999. 2. 5.〉

제20조 삭제 〈2015. 7. 31.〉

제21조 삭제 〈2010. 5. 17.〉

제21조의2(비공개정보 누설 등의 금지) 은행의 임직원(임직원이었던 자를 포함한다)은 업무상 알게 된 공개되지 아니한 정보 또는 자료를 외부(은행의 대주주 또는 그 대주주의 특수관계인을 포함한다)에 누설하거나 업무목적 외로 이용하여서는 아니 된다.

[전문개정 2010. 5. 17.]

제22조 삭제 〈2015. 7. 31.〉

제23조 삭제 〈2015. 7. 31.〉

제23조의2 삭제 〈2015. 7. 31.〉

제23조의3 삭제 〈2015. 7. 31.〉

제23조의4 삭제 〈2015. 7. 31.〉

제23조의5 삭제 〈2015. 7. 31.〉

제24조 삭제 〈2015. 7. 31.〉

제25조 삭제 〈2015. 7. 31.〉

제26조 삭제 〈2010. 5. 17.〉

제5장 은행업무 〈개정 2010. 5. 17.〉

제27조(업무범위) ① 은행은 이 법 또는 그 밖의 관계 법률의 범위에서 은행업에 관한 모든 업무(이하 “은행업무”라 한다)를 운영할 수 있다.

② 은행업무의 범위는 다음 각 호와 같다

1. 예금·적금의 수입 또는 유가증권, 그 밖의 채무증서의 발행
2. 자금의 대출 또는 어음의 할인
3. 내국환·외국환

[전문개정 2010. 5. 17.]

제27조의2(부수업무의 운영) ① 은행은 은행업무에 부수하는 업무

(이하 “부수업무”라 한다)를 운영할 수 있다.

② 은행이 부수업무를 운영하려는 경우에는 그 업무를 운영하려는 날의 7일 전까지 금융위원회에 신고하여야 한다. 다만, 부수업무 중 다음 각 호에서 정하는 업무는 신고를 하지 아니하고 운영할 수 있다.

1. 채무의 보증 또는 어음의 인수
2. 상호부금(相互賦金)
3. 팩토링(기업의 판매대금 채권의 매수·회수 및 이와 관련된 업무를 말한다)
4. 보호예수(保護預受)
5. 수납 및 지급대행
6. 지방자치단체의 금고대행
7. 전자상거래와 관련한 지급대행
8. 은행업과 관련된 전산시스템 및 소프트웨어의 판매 및 대여
9. 금융 관련 연수, 도서 및 간행물 출판업무
10. 금융 관련 조사 및 연구업무
11. 그 밖에 은행업무에 부수하는 업무로서 대통령령으로 정하는 업무

③ 은행이 제2항에 따른 신고를 하는 경우에는 업무계획 및 예상손익에 관한 서류 등 대통령령으로 정하는 서류를 첨부하여야 한다.

④ 금융위원회는 제2항에 따른 신고내용이 다음 각 호의 어느 하나에 해당하는 경우에는 그 부수업무의 운영을 제한하거나 시정할 것을 명할 수 있다.

1. 은행의 경영건전성을 해치는 경우
2. 예금자 등 은행 이용자의 보호에 지장을 가져오는 경우
3. 금융시장 등의 안정성을 해치는 경우

⑤ 금융위원회는 제2항에 따라 신고받은 부수업무 및 제4항에 따라 제한 또는 시정명령을 한 부수업무를 대통령령으로 정하는 방법 및 절차에 따라 인터넷 홈페이지 등에 공고하여야 한다.

[본조신설 2010. 5. 17.]

제28조(겸영업무의 운영) ① 은행은 은행업이 아닌 업무로서 다음 각 호의 업무(이하 "겸영업무"라 한다)를 직접 운영할 수 있다.

1. 대통령령으로 정하는 금융 관련 법령에서 인가·허가 및 등록 등을 받아야 하는 업무 중 대통령령으로 정하는 금융업무

2. 대통령령으로 정하는 법령에서 정하는 금융 관련 업무로서 해당 법령에서 은행이 운영할 수 있도록 한 업무

3. 그 밖에 그 업무를 운영하여도 제27조의2제4항 각 호의 어느 하나에 해당할 우려가 없는 업무로서 대통령령으로 정하는 금융업무

② 은행이 겸영업무를 직접 운영하려는 경우에는 다음 각 호에 따라 금융위원회에 신고하여야 한다.

1. 제1항제1호에 따른 업무: 금융 관련 법령에 따라 인가·허가 및 등록 등을 신청할 때 신고

2. 제1항제2호 및 제3호에 따른 업무: 그 업무를 운영하려는 날의 7일 전까지 신고

③ 금융위원회는 제2항에 따른 신고내용이 제27조의2제4항 각 호의 어느 하나에 해당할 우려가 있는 경우에는 그 겸영업무의 운영을 제한하거나 시정할 것을 명할 수 있다.

[전문개정 2010. 5. 17.]

제28조의2(이해상충의 관리) ① 은행은 이 법에 따른 업무를 운영할 때 은행과 은행이용자 간, 특정 이용자와 다른 이용자 간의 이해상충(利害相衝)을 방지하기 위하여 대통령령으로 정하는 업무 간에는 이해상충이 발생할 가능성에 대하여 인식·평가하고 정보교류를 차단하는 등 공정하게 관리하여야 한다.

② 은행은 제1항에 따른 이해상충을 관리하는 방법 및 절차 등을 대통령령으로 정하는 바에 따라 「금융회사의 지배구조에 관한 법률」 제24조에 따른 내부통제기준(이하 "내부통제기준"이라 한다)에 반영하여야 한다. 〈개정 2015. 7. 31.〉

③ 은행은 이해상충을 공정하게 관리하는 것이 어렵다고 인정되는 경우에는 그 사실을 미리 해당 이용자 등에게 충분히 알려야 하며, 그 이해상충이 발생할 가능성을 내부통제기준이 정하는 방법 및 절

차에 따라 은행이용자 보호 등에 문제가 없는 수준으로 낮춘 후 거래를 하여야 한다.

④ 은행은 제3항에 따라 그 이해상충이 발생할 가능성을 낮추는 것이 어렵다고 판단되는 경우에는 거래를 하여서는 아니 된다.

⑤ 금융위원회는 은행이용자 보호 등을 위하여 필요하다고 인정되는 경우에는 이해상충에 관한 내부통제기준의 변경을 권고할 수 있다.

⑥ 은행은 대통령령으로 정하는 겸영업무 및 부수업무의 경우에는 대통령령으로 정하는 바에 따라 은행업무와 구별하고 별도의 장부와 기록을 보유하여야 한다.

[본조신설 2010. 5. 17.]

제29조 삭제 〈2010. 5. 17.〉

제30조(예금지급준비금과 금리 등에 관한 준수 사항) ① 은행은 「한국은행법」 제55조에 따른 지급준비금 적립대상 채무에 대한 지급준비를 위하여 「한국은행법」 제4장제2절에 따른 최저율 이상의 지급준비금과 지급준비자산을 보유하여야 한다. 다만, 제28조에 따라 운영하는 신탁업무에 대하여는 지급준비금과 지급준비자산을 보유하지 아니할 수 있다. 〈개정 2011. 9. 16.〉

② 은행은 「한국은행법」에 따른 금융통화위원회가 하는 다음 각 호의 결정 및 제한 등을 준수하여야 한다.

1. 은행의 각종 예금에 대한 이자 및 그 밖의 지급금의 최고율의 결정

2. 은행의 각종 대출 등 여신업무에 대한 이자 및 그 밖의 요금의 최고율의 결정

3. 은행 대출의 최장기한 및 담보의 종류에 대한 제한

4. 극심한 통화팽창기 등 국민경제상 절실한 경우 일정한 기간 내의 은행의 대출과 투자의 최고한도 또는 분야별 최고한도의 제한

5. 극심한 통화팽창기 등 국민경제상 절실한 경우 은행의 대출에 대한 사전승인

[전문개정 2010. 5. 17.]

제30조의2(금리인하 요구) ① 은행과 신용공여 계약을 체결한 자는

재산 증가나 신용등급 또는 개인신용평점 상승 등 신용상태 개선이 나타났다고 인정되는 경우 은행에 금리인하를 요구할 수 있다. 〈개정 2020. 2. 4.〉

② 은행은 신용공여 계약을 체결하려는 자에게 제1항에 따라 금리인하를 요구할 수 있음을 알려야 한다.

③ 그 밖에 금리인하 요구의 요건 및 절차에 관한 구체적 사항은 대통령령으로 정한다.

[본조신설 2018. 12. 11.]

제31조(상업금융업무 및 장기금융업무) 은행은 상업금융업무와 장기금융업무를 모두 운영할 수 있다.

[전문개정 2010. 5. 17.]

제32조(당좌예금의 취급) 당좌예금은 상업금융업무를 운영하는 은행만이 취급할 수 있다.

[전문개정 2010. 5. 17.]

제33조(금융채의 발행) ① 은행은 자기자본의 5배의 범위에서 대통령령으로 정하는 한도 내에서 다음 각 호의 사채(이하 "금융채"라 한다)를 발행할 수 있다. 다만, 제4호의 사채는 비상장은행(「자본시장과 금융투자업에 관한 법률」 제9조제15항제4호에 따른 주권비상장법인인 은행을 말한다. 이하 같다)만이 발행할 수 있다.

1. 「상법」에 따른 사채

2. 「자본시장과 금융투자업에 관한 법률」 제165조의11제1항에 따른 사채 중 해당 사채의 발행 당시 객관적이고 합리적인 기준에 따라 미리 정하는 사유(이하 "예정사유"라 한다)가 발생하는 경우 그 사채의 상환과 이자지급 의무가 감면된다는 조건이 붙은 사채(이하 "상각형 조건부자본증권"이라 한다)

3. 「자본시장과 금융투자업에 관한 법률」 제165조의11제1항에 따른 사채 중 해당 사채의 발행 당시 예정사유가 발생하는 경우 은행의 주식으로 전환된다는 조건이 붙은 사채(이하 "은행주식 전환형 조건부자본증권"이라 한다)

4. 「상법」 제469조제2항, 제513조 및 제516조의2에 따른 사채와

다른 종류의 사채로서 해당 사채의 발행 당시 예정사유가 발생하는 경우 비상장은행의 주식으로 전환됨과 동시에 그 전환된 주식이 상장은행지주회사(해당 사채의 발행 당시 비상장은행의 발행주식 총수를 보유한 「자본시장과 금융투자업에 관한 법률」 제9조제15항제3호에 따른 주권상장법인인 은행지주회사를 말한다. 이하 같다)의 주식과 교환된다는 조건이 붙은 사채(이하 "은행지주회사주식 전환형 조건부자본증권"이라 한다)

5. 그 밖에 제1호부터 제4호까지의 사채에 준하는 사채로서 대통령령으로 정하는 사채

② 금융채의 발행조건 및 발행방법 등에 관하여 필요한 사항은 대통령령으로 정한다.

③ 금융위원회는 은행이 제33조의2 또는 제33조의3에 따른 이사회의 의결 또는 주주총회의 결의를 거치지 아니하고 금융채를 발행한 경우 그 은행에 대하여 6개월 이내의 기간을 정하여 금융채 발행의 금지를 명할 수 있다.

[전문개정 2016. 3. 29.]

제33조의2(상각형 조건부자본증권 및 은행주식 전환형 조건부자본증권의 발행절차 등) ① 상각형 조건부자본증권의 발행 등에 관하여는 「자본시장과 금융투자업에 관한 법률」 제165조의11제2항 및 제314조제8항을 준용한다.

② 은행주식 전환형 조건부자본증권의 발행 등에 관하여는 「자본시장과 금융투자업에 관한 법률」 제165조의6제1항ㆍ제2항ㆍ제4항, 제165조의9, 제165조의11제2항 및 제314조제8항을 준용한다.

[본조신설 2016. 3. 29.]

제33조의3(은행지주회사주식 전환형 조건부자본증권의 발행절차 등) ① 비상장은행이 은행지주회사주식 전환형 조건부자본증권을 발행하려면 비상장은행 및 상장은행지주회사는 각각의 정관으로 정하는 바에 따라 은행지주회사주식 전환형 조건부자본증권의 총액 등 대통령령으로 정하는 사항을 포함한 주식교환계약서를 작성하여 다음 각 호의 구분에 따른 절차를 거쳐야 한다.

1. 비상장은행의 경우: 이사회의 의결

2. 상장은행지주회사의 경우: 이사회의 의결과 「상법」 제434조에 따른 주주총회의 결의

② 비상장은행은 은행지주회사주식 전환형 조건부자본증권을 발행하는 경우 「공사채 등록법」 제3조에 따른 등록기관에 등록하여 발행하여야 한다. 이 경우 「자본시장과 금융투자업에 관한 법률」 제309조제5항에 따른 방법으로 그 은행지주회사주식 전환형 조건부자본증권이 등록되도록 하여야 한다.

③ 비상장은행 및 상장은행지주회사는 비상장은행이 은행지주회사주식 전환형 조건부자본증권을 발행한 경우 「상법」 제476조에 따른 납입이 완료된 날부터 2주일 이내에 각각의 본점 소재지에서 은행지주회사주식 전환형 조건부자본증권의 총액 등 대통령령으로 정하는 사항을 등기하여야 한다.

④ 제1항제2호에 따른 이사회의 의결이 있는 경우 그 의결에 반대하는 상장은행지주회사의 주주가 주주총회 전에 상장은행지주회사에 대하여 서면으로 그 의결에 반대하는 의사를 통지한 경우 그 주주총회의 결의일부터 20일 이내에 주식의 종류와 수를 적은 서면으로 상장은행지주회사에 대하여 자기가 소유하고 있는 주식의 매수를 청구할 수 있다. 이 경우 주식의 매수기간 및 매수가액의 결정 등에 관하여는 「상법」 제374조의2제2항부터 제5항까지의 규정을 준용한다.

⑤ 비상장은행 및 상장은행지주회사는 비상장은행이 은행지주회사주식 전환형 조건부자본증권을 발행하는 날부터 제6항에 따른 효력발생일과 만기일 중 먼저 도래하는 날까지 전환 및 교환으로 인하여 새로 발행할 주식의 수를 유보(留保)하여야 한다.

⑥ 은행지주회사주식 전환형 조건부자본증권의 비상장은행 주식으로의 전환 및 그 전환된 주식의 상장은행지주회사 주식과의 교환은 예정사유가 발생한 날부터 제15영업일이 되는 날까지 중 대통령령으로 정하는 날에 그 효력이 발생한다.

⑦ 「상법」 제355조제1항에도 불구하고 비상장은행은 제6항에 따른 효력이 발생하는 경우에도 주권을 발행하지 아니할 수 있다.

⑧ 비상장은행이 은행지주회사주식 전환형 조건부자본증권을 발행한 이후 상장은행지주회사가 비상장은행을 지배(「금융지주회사법」 제2조제1항제1호에 따른 지배를 말한다)하지 아니하게 된 때에는 그 때까지 발행된 예정사유가 발생하지 아니한 은행지주회사주식 전환형 조건부자본증권은 예정사유 및 전환의 조건이 동일한 은행주식 전환형 조건부자본증권으로 변경되는 것으로 본다. 다만, 제1항에 따른 주식교환계약서에서 달리 정한 경우에는 그러하지 아니하다.

⑨ 비상장은행 및 상장은행지주회사는 은행지주회사주식 전환형 조건부자본증권의 변경등기를 다음 각 호의 구분에 따라 각각의 본점 소재지에서 하여야 한다.

1. 제6항에 따른 전환·교환으로 인한 변경등기: 같은 항에 따른 효력발생일부터 2주일 이내

2. 제8항에 따른 변경으로 인한 변경등기: 같은 항에 따라 변경되는 날부터 2주일 이내

⑩ 은행지주회사주식 전환형 조건부자본증권의 발행에 관하여는 「상법」 제424조, 제424조의2 및 제429조부터 제432조까지의 규정과 「자본시장과 금융투자업에 관한 법률」 제165조의6제1항·제2항·제4항, 제165조의9 및 제314조제8항을 준용하며, 은행지주회사주식 전환형 조건부자본증권의 비상장은행 주식으로의 전환 및 그 전환된 주식의 상장은행지주회사 주식과의 교환에 관하여는 「상법」 제339조, 제348조, 제350조제2항·제3항, 제360조의4, 제360조의7, 제360조의11, 제360조의12 및 제360조의14를 준용한다.

⑪ 제1항부터 제10항까지에서 규정한 사항 외에 정관에 규정하여야 하는 사항, 예정사유의 구체적인 기준, 그 밖에 은행지주회사주식 전환형 조건부자본증권의 발행 등에 필요한 세부 사항은 대통령령으로 정한다.

[본조신설 2016. 3. 29.]

제33조의4(소규모 은행지주회사주식 전환형 조건부자본증권의 발행 절차 등에 관한 특례) ① 비상장은행이 발행하는 은행지주회사주식 전환형 조건부자본증권의 발행가액이 상장은행지주회사 자본총액(재

무상태표상 자산총액에서 부채총액을 뺀 금액을 말한다)의 100분의 5를 초과하지 아니하는 경우에는 제33조의3제1항제2호에 따른 상장은행지주회사 주주총회의 결의(이하 이 조에서 “특별결의”라 한다)는 같은 호에 따른 상장은행지주회사 이사회의 의결(정관에서 「상법」 제368조제1항에 따른 주주총회의 결의를 거치도록 한 경우에는 그 주주총회의 결의)로 갈음할 수 있다. 이 경우 제33조의3제1항에 따른 주식교환계약서에 특별결의를 거치지 아니하고 은행지주회사주식 전환형 조건부자본증권을 발행할 수 있다는 뜻을 적어야 한다. 〈개정 2021. 4. 20.〉

② 상장은행지주회사는 제1항 후단에 따라 주식교환계약서를 작성한 날부터 2주일 이내에 비상장은행의 상호와 본점, 은행지주회사주식 전환형 조건부자본증권을 발행할 날 및 특별결의를 거치지 아니하고 은행지주회사주식 전환형 조건부자본증권을 발행한다는 뜻을 공고하거나 주주에게 통지하여야 한다.

③ 상장은행지주회사의 발행주식 총수의 100분의 20 이상에 해당하는 주식을 가지는 주주가 제2항에 따른 공고 또는 통지를 한 날부터 2주일 이내에 상장은행지주회사에 대하여 서면으로 은행지주회사주식 전환형 조건부자본증권 발행에 반대하는 의사를 통지하는 경우에는 제1항에 따른 방법으로 은행지주회사주식 전환형 조건부자본증권을 발행할 수 없다.

④ 제1항의 경우에는 제33조의3제4항을 적용하지 아니한다.

⑤ 제1항부터 제4항까지에서 규정한 사항 외에 소규모 은행지주회사주식 전환형 조건부자본증권의 발행 등에 관하여는 「상법」 제360조의10제6항을 준용한다.

[본조신설 2016. 3. 29.]

제33조의5(사채등의 등록) ① 사채, 그 밖에 등록에 적합한 것으로서 대통령령으로 정하는 권리(이하 이 조에서 “사채등”이라 한다)의 소유자·질권자, 그 밖의 이해관계자는 해당 사채등을 발행하는 은행(이하 이 조에서 “발행은행”이라 한다)에 각각 그 권리를 등록할 수 있다.

② 등록한 사채등에 대해서는 증권(證券)이나 증서(證書)를 발행하지 아니하며, 발행은행은 이미 증권이나 증서가 발행된 사채등을 등록하는 경우에는 그 증권이나 증서를 회수하여야 한다.

③ 사채등의 소유자는 언제든지 발행은행에 사채등의 등록을 말소하고 사채등이 표시된 증권이나 증서의 발행을 청구할 수 있다. 다만, 사채등의 발행 조건에서 증권이나 증서를 발행하지 아니하기로 정한 경우에는 그러하지 아니하다.

④ 등록한 사채등을 이전하거나 담보권의 목적으로 하거나 신탁재산으로 위탁한 경우에는 그 사실을 등록하지 아니하면 발행은행이나 그 밖의 제3자에게 대항하지 못한다.

⑤ 등록한 사채등을 법령에 따라 담보로서 공탁(供託)하거나 임치(任置)하는 경우에는 그 사실을 등록함으로써 담보를 갈음할 수 있다.

⑥ 제1항부터 제5항까지에서 규정한 사항 외에 사채등의 등록 및 말소의 방법과 절차, 등록부의 작성·비치 및 관리 등에 필요한 사항은 대통령령으로 정한다.

[본조신설 2016. 3. 22.]

제6장 건전경영의 유지 〈개정 2010. 5. 17.〉

제34조(건전경영의 지도) ① 은행은 은행업을 경영할 때 자기자본을 충실하게 하고 적정한 유동성을 유지하는 등 경영의 건전성을 확보하여야 한다.

② 은행은 경영의 건전성을 유지하기 위하여 다음 각 호의 사항에 관하여 대통령령으로 정하는 바에 따라 금융위원회가 정하는 경영지도기준을 지켜야 한다.

1. 자본의 적정성에 관한 사항
2. 자산의 건전성에 관한 사항
3. 유동성에 관한 사항
4. 그 밖에 경영의 건전성 확보를 위하여 필요한 사항

③ 제2항에 따라 금융위원회가 경영지도기준을 정할 때에는 국제결제은행이 권고하는 은행의 건전성 감독에 관한 원칙을 충분히 반

영하여야 한다.

④ 금융위원회는 은행이 제2항에 따른 경영지도기준을 충족시키지 못하는 등 경영의 건전성을 크게 해칠 우려가 있거나 경영의 건전성을 유지하기 위하여 불가피하다고 인정될 때에는 자본금의 증액, 이익배당의 제한, 유동성이 높은 자산의 확보, 일정한 규모의 조건부자본증권(제33조제1항제2호부터 제4호까지의 사채를 말한다)의 발행·보유 등 경영개선을 위하여 필요한 조치를 요구할 수 있다. 〈개정 2016. 3. 29.〉

[본조신설 2010. 5. 17.]

제34조의2(불건전 영업행위의 금지) ① 은행은 다음 각 호의 어느 하나에 해당하는 행위를 해서는 아니 된다. 〈개정 2020. 3. 24.〉

1. 실제 자금을 수취하지 아니하였음에도 입금처리하는 행위 등 은행이용자에게 부당하게 편익을 제공하는 행위

2. 예금, 대출 등 은행이 취급하는 상품을 비정상적으로 취급하여 은행이용자의 조세포탈·회계분식·부당내부거래 등 부당한 거래를 지원하는 행위

3. 은행업무, 부수업무 또는 겸영업무와 관련하여 은행이용자에게 정상적인 수준을 초과하여 재산상 이익을 제공하는 행위

4. 그 밖에 은행업무, 부수업무 또는 겸영업무와 관련하여 취득한 정보 등을 활용하여 은행의 건전한 운영 또는 신용질서를 해치는 행위

② 제1항 각 호에 따른 행위의 구체적인 유형 또는 기준은 대통령령으로 정한다.

[본조신설 2016. 3. 29.]

제34조의3(금융사고의 예방) ① 은행은 다음 각 호의 사항을 포함한 금융사고 예방대책을 마련하여 내부통제기준에 반영하고 이를 준수하여야 한다. 〈개정 2017. 4. 18.〉

1. 지점(대리점, 국외현지법인 및 국외지점을 포함한다. 이하 제2호에서 같다)의 금융사고 관리에 관한 사항으로서 대통령령으로 정하는 사항

2. 지점의 업무운영에 관한 자체적인 검사에 관한 사항으로서 대통령령으로 정하는 사항

3. 은행이용자의 정보보호에 관한 사항으로서 대통령령으로 정하는 사항

4. 전산사무, 현금수송사무 등 금융사고 가능성이 높은 사무에 관한 사항으로서 대통령령으로 정하는 사항

② 삭제 〈2017. 4. 18.〉

③ 은행은 은행의 경영에 중대한 영향을 미칠 수 있는 금융사고에 관한 사항으로서 대통령령으로 정하는 사항이 발생한 경우에는 대통령령으로 정하는 기간 이내에 그 내용을 금융위원회에 보고하고, 인터넷 홈페이지 등을 이용하여 공시하여야 한다.

[본조신설 2016. 3. 29.]

제35조(동일차주 등에 대한 신용공여의 한도) ① 은행은 동일한 개인·법인 및 그 개인·법인과 대통령령으로 정하는 신용위험을 공유하는 자[이하 "동일차주"(同一借主)라 한다]에 대하여 그 은행의 자기자본의 100분의 25를 초과하는 신용공여를 할 수 없다. 다만, 다음 각 호의 어느 하나에 해당하는 경우로서 대통령령으로 정하는 경우에는 그러하지 아니하다.

1. 국민경제를 위하여 또는 은행의 채권 확보의 실효성을 높이기 위하여 필요한 경우

2. 은행이 추가로 신용공여를 하지 아니하였음에도 불구하고 자기자본의 변동, 동일차주 구성의 변동 등으로 인하여 본문에 따른 한도를 초과하게 되는 경우

② 은행이 제1항제2호에 따라 제1항·제3항 및 제4항 본문에 규정된 한도를 초과하게 되는 경우에는 그 한도가 초과하게 된 날부터 1년 이내에 제1항·제3항 및 제4항 본문에 규정된 한도에 맞도록 하여야 한다. 다만, 대통령령으로 정하는 부득이한 사유에 해당하는 경우에는 금융위원회가 그 기간을 정하여 연장할 수 있다.

③ 은행은 동일한 개인이나 법인 각각에 대하여 그 은행의 자기자본의 100분의 20을 초과하는 신용공여를 할 수 없다. 다만, 제1

항 단서에 해당하는 경우에는 그러하지 아니하다.

④ 동일한 개인이나 법인 또는 동일차주 각각에 대한 은행의 신용공여가 그 은행의 자기자본의 100분의 10을 초과하는 거액 신용공여인 경우 그 총합계액은 그 은행의 자기자본의 5배를 초과할 수 없다. 다만, 제1항 단서에 해당하는 경우에는 그러하지 아니하다.

[전문개정 2010. 5. 17.]

제35조의2(은행의 대주주에 대한 신용공여한도 등) ① 은행이 그 은행의 대주주(국외현지법인을 제외한 특수관계인을 포함한다. 이하 이 조에서 같다)에게 할 수 있는 신용공여는 그 은행 자기자본의 100분의 25의 범위에서 대통령령으로 정하는 비율에 해당하는 금액과 그 대주주의 그 은행에 대한 출자비율에 해당하는 금액 중 적은 금액을 초과할 수 없다.

② 은행이 그 은행의 전체 대주주에게 할 수 있는 신용공여는 그 은행 자기자본의 100분의 25의 범위에서 대통령령으로 정하는 비율에 해당하는 금액을 초과할 수 없다.

③ 은행은 제1항 및 제2항에 따른 신용공여한도를 회피하기 위한 목적으로 다른 은행과 교차하여 신용공여를 하여서는 아니 된다.

④ 은행은 그 은행의 대주주에 대하여 대통령령으로 정하는 금액 이상의 신용공여(대통령령으로 정하는 거래를 포함한다. 이하 이 조에서 같다)를 하려는 경우에는 미리 이사회의 의결을 거쳐야 한다. 이 경우 이사회는 재적이사 전원의 찬성으로 의결한다.

⑤ 은행은 그 은행의 대주주에 대하여 대통령령으로 정하는 금액 이상의 신용공여를 한 경우에는 지체 없이 그 사실을 금융위원회에 보고하고 인터넷 홈페이지 등을 이용하여 공시하여야 한다.

⑥ 은행은 그 은행의 대주주에 대한 신용공여에 관한 사항을 대통령령으로 정하는 바에 따라 분기별로 인터넷 홈페이지 등을 이용하여 공시하여야 한다.

⑦ 은행은 그 은행의 대주주의 다른 회사에 대한 출자를 지원하기 위한 신용공여를 하여서는 아니 된다.

⑧ 은행은 그 은행의 대주주에게 자산을 무상으로 양도하거나 통

상의 거래조건에 비추어 그 은행에게 현저하게 불리한 조건으로 매매 또는 교환하거나 신용공여를 하여서는 아니 된다.

[전문개정 2010. 5. 17.]

제35조의3(대주주가 발행한 지분증권의 취득한도 등) ① 은행은 자기자본의 100분의 1의 범위에서 대통령령으로 정하는 비율에 해당하는 금액을 초과하여 그 은행의 대주주(제37조제2항에 따른 자회사등을 제외한 특수관계인을 포함한다. 이하 같다)가 발행한 지분증권(「자본시장과 금융투자업에 관한 법률」 제4조제4항에 따른 지분증권을 말한다. 이하 같다)을 취득(대통령령으로 정하는 바에 따라 신탁업무를 운영함으로써 취득하는 것을 포함한다. 이하 이 조에서 같다)하여서는 아니 된다. 다만, 「금융지주회사법」 제2조제1항제5호에 따른 은행지주회사의 자회사등(「금융지주회사법」 제4조제1항제2호에 따른 자회사등을 말한다. 이하 이 항에서 같다)인 은행이 그 은행지주회사의 다른 자회사등이 업무집행사원인 기관전용 사모집합투자기구에 출자하는 경우에는 그러하지 아니하다. 〈개정 2015. 7. 24., 2021. 4. 20.〉

② 금융위원회는 제1항 본문에 따른 취득한도 내에서 지분증권의 종류별로 취득한도를 따로 정할 수 있다.

③ 은행의 대주주가 아닌 자가 서로 대주주가 됨에 따라 은행이 제1항에 따른 한도를 초과하게 되는 경우 그 은행은 대통령령으로 정하는 기간 이내에 그 한도를 초과한 지분증권을 처분하여야 한다.

④ 은행이 그 은행의 대주주가 발행한 지분증권을 대통령령으로 정하는 금액 이상으로 취득하려는 경우에는 미리 이사회의 의결을 거쳐야 한다. 이 경우 이사회는 재적이사 전원의 찬성으로 의결한다.

⑤ 은행이 그 은행의 대주주가 발행한 지분증권을 대통령령으로 정하는 금액 이상으로 취득한 경우에는 지체 없이 그 사실을 금융위원회에 보고하고 인터넷 홈페이지 등을 이용하여 공시하여야 한다.

⑥ 은행은 그 은행의 대주주가 발행한 지분증권의 취득에 관한

사항을 대통령령으로 정하는 바에 따라 분기별로 인터넷 홈페이지 등을 이용하여 공시하여야 한다.

⑦ 은행은 그 은행의 대주주가 발행한 지분증권의 의결권을 행사할 때 그 대주주 주주총회에 참석한 주주의 지분증권수에서 그 은행이 소유한 지분증권수를 뺀 지분증권수의 의결 내용에 영향을 미치지 아니하도록 의결권을 행사하여야 한다. 다만, 대주주의 합병, 영업의 양도·양수, 임원의 선임, 그 밖에 이에 준하는 사항으로서 그 은행에 손실을 입히게 될 것이 명백하게 예상되는 경우에는 그러하지 아니하다.

[전문개정 2010. 5. 17.]

제35조의4(대주주의 부당한 영향력 행사의 금지) 은행의 대주주는 그 은행의 이익에 반하여 대주주 개인의 이익을 취할 목적으로 다음 각 호의 어느 하나에 해당하는 행위를 하여서는 아니 된다. 〈개정 2015. 7. 31.〉

1. 부당한 영향력을 행사하기 위하여 그 은행에 대하여 외부에 공개되지 아니한 자료 또는 정보의 제공을 요구하는 행위. 다만, 「금융회사의 지배구조에 관한 법률」 제33조제6항 및 「상법」 제466조에 따른 권리의 행사에 해당하는 경우를 제외한다.

2. 경제적 이익 등 반대급부의 제공을 조건으로 다른 주주와 담합하여 그 은행의 인사 또는 경영에 부당한 영향력을 행사하는 행위

3. 경쟁사업자의 사업활동을 방해할 목적으로 신용공여를 조기 회수하도록 요구하는 등 은행의 경영에 영향력을 행사하는 행위

3의2. 제35조의2제1항 및 제2항에서 정한 비율을 초과하여 은행으로부터 신용공여를 받는 행위

3의3. 은행으로 하여금 제35조의2제3항을 위반하게 하여 다른 은행으로부터 신용공여를 받는 행위

3의4. 은행으로 하여금 제35조의2제7항을 위반하게 하여 신용공여를 받는 행위

3의5. 은행으로 하여금 제35조의2제8항을 위반하게 하여 대주주에게 자산의 무상양도·매매·교환 및 신용공여를 하게 하는 행위

3의6. 제35조의3제1항에서 정한 비율을 초과하여 은행으로 하여금 대주주의 주식을 소유하게 하는 행위

4. 제1호부터 제3호까지의 행위에 준하는 행위로서 대통령령으로 정하는 행위

[전문개정 2010. 5. 17.]

제35조의5(대주주에 대한 자료 제출 요구 등) ① 금융위원회는 은행 또는 그 대주주가 제35조의2부터 제35조의4까지를 위반한 혐의가 있다고 인정할 때에는 은행 또는 그 대주주에 대하여 필요한 자료의 제출을 요구할 수 있다.

② 금융위원회는 은행 대주주(회사만 해당한다)의 부채가 자산을 초과하는 등 재무구조의 부실화로 인하여 은행의 경영건전성을 현저히 해칠 우려가 있는 경우로서 대통령령으로 정하는 경우에는 그 은행 또는 그 대주주에 대하여 필요한 자료의 제출을 요구할 수 있으며 그 은행에 대하여 그 대주주에 대한 신용공여의 제한을 명하는 등 대통령령으로 정하는 조치를 할 수 있다.

③ 금융위원회는 은행의 주주가 제2조제1항제10호나목에 따른 사실상 영향력을 행사하고 있는 자인지 여부를 확인하기 위하여 은행 및 주주에게 필요한 자료의 제출을 요구할 수 있다. 〈신설 2021. 12. 7.〉

[전문개정 2010. 5. 17.]

제36조(정부대행기관에 대한 대출) 「한국은행법」에 따른 정부대행기관에 대한 은행의 대출은 그 원리금의 상환에 관하여 정부가 보증한 경우에만 할 수 있다.

[전문개정 2010. 5. 17.]

제37조(다른 회사 등에 대한 출자제한 등) ① 은행은 다른 회사등의 의결권 있는 지분증권의 100분의 15를 초과하는 지분증권을 소유할 수 없다.

② 은행은 제1항에도 불구하고 금융위원회가 정하는 업종에 속하는 회사 등에 출자하는 경우 또는 기업구조조정 촉진을 위하여 필요한 것으로 금융위원회의 승인을 받은 경우에는 의결권 있는 지분

증권의 100분의 15를 초과하는 지분증권을 소유할 수 있다. 다만, 은행이 의결권 있는 지분증권의 100분의 15를 초과하는 지분증권을 소유하는 회사 등(이하 "자회사등"이라 한다)에 대한 출자 총액이 다음 각 호의 어느 하나의 금액을 초과하지 아니하는 경우만 해당한다.

1. 은행 자기자본의 100분의 20의 범위에서 대통령령으로 정하는 비율에 해당하는 금액

2. 은행과 그 은행의 자회사등의 경영상태 등을 고려하여 금융위원회가 정하여 고시하는 요건을 충족하는 경우에는 은행 자기자본의 100분의 40의 범위에서 대통령령으로 정하는 비율에 해당하는 금액

③ 은행은 그 은행의 자회사등과 거래를 할 때 다음 각 호의 어느 하나에 해당하는 행위를 하여서는 아니 된다.

1. 그 은행의 자회사등에 대한 신용공여로서 대통령령으로 정하는 기준을 초과하는 신용공여(그 은행의 자회사등이 합병되는 등 대통령령으로 정하는 경우는 제외한다)

2. 그 은행의 자회사등의 지분증권을 담보로 하는 신용공여와 그 은행의 자회사등의 지분증권을 사게 하기 위한 신용공여

3. 그 은행의 자회사등의 임직원에 대한 대출(금융위원회가 정하는 소액대출은 제외한다)

4. 그 밖에 그 은행의 건전한 경영을 해치거나 예금자 등 은행이용자의 이익을 해칠 우려가 있는 행위로서 대통령령으로 정하는 행위

④ 은행의 자회사등에 대한 출자에 관하여 구체적인 사항은 대통령령으로 정한다.

⑤ 제6항부터 제8항까지의 규정에서 "모은행(母銀行)" 및 "자은행" 이란 은행이 다른 은행의 의결권 있는 발행주식 총수의 100분의 15를 초과하여 주식을 소유하는 경우의 그 은행과 그 다른 은행을 말한다. 이 경우 모은행과 자은행이 합하여 자은행이 아닌 다른 은행의 의결권 있는 발행주식 총수의 100분의 15를 초과하여 주식을 소유하는 경우 그 다른 은행은 그 모은행의 자은행으로 본다.

⑥ 자은행은 다음 각 호의 행위를 하여서는 아니 된다.

1. 모은행 및 그 모은행의 다른 자은행(이하 "모은행등"이라 한다)이 발행한 주식을 소유하는 행위(대통령령으로 정하는 경우는 제외한다)

2. 다른 은행의 의결권 있는 발행주식의 100분의 15를 초과하여 주식을 소유하는 행위

3. 대통령령으로 정하는 기준을 초과하여 모은행등에 신용공여를 하는 행위

4. 그 밖에 그 자은행의 건전한 경영을 해치거나 예금자 등 은행이용자의 이익을 해칠 우려가 있는 행위로서 대통령령으로 정하는 행위

⑦ 자은행과 모은행등 상호 간에 신용공여를 하는 경우에는 대통령령으로 정하는 기준에 따라 적정한 담보를 확보하여야 한다. 다만, 그 자은행과 모은행등의 구조조정에 필요한 신용공여 등 대통령령으로 정하는 요건에 해당하는 경우에는 그러하지 아니하다.

⑧ 자은행과 모은행등 상호 간에는 대통령령으로 정하는 불량자산을 거래하여서는 아니 된다. 다만, 그 자은행과 모은행등의 구조조정에 필요한 거래 등 금융위원회가 정하는 요건에 해당하는 경우에는 그러하지 아니하다.

[전문개정 2010. 5. 17.]

제38조(금지업무) 은행은 다음 각 호의 어느 하나에 해당하는 업무를 하여서는 아니 된다.

1. 다음 각 목의 증권에 대한 투자의 총 합계액이 은행의 자기자본의 100분의 100의 범위에서 대통령령으로 정하는 비율에 해당하는 금액을 초과하는 투자. 이 경우 금융위원회는 필요한 경우 같은 투자한도의 범위에서 다음 각 목의 증권에 대한 투자한도를 따로 정할 수 있다.

가. 「자본시장과 금융투자업에 관한 법률」 제4조제3항에 따른 채무증권으로서 상환기간이 3년을 초과하는 것. 다만, 국채 및 한국은행 통화안정증권, 「금융산업의 구조개선에 관한 법률」 제11조제6

항제2호에 따른 채권은 제외한다.

나. 지분증권. 다만, 「금융산업의 구조개선에 관한 법률」 제11조제6항제1호에 따른 주식은 제외한다.

다. 「자본시장과 금융투자업에 관한 법률」 제4조제7항에 따른 파생결합증권 중 대통령령으로 정하는 것

라. 그 밖에 「자본시장과 금융투자업에 관한 법률」 제4조제2항 각 호의 증권 중 대통령령으로 정하는 증권

2. 대통령령으로 정하는 업무용 부동산이 아닌 부동산(저당권 등 담보권의 실행으로 취득한 부동산은 제외한다)의 소유

3. 자기자본의 100분의 100의 범위에서 대통령령으로 정하는 비율에 해당하는 금액을 초과하는 업무용 부동산의 소유

4. 직접·간접을 불문하고 해당 은행의 주식을 담보로 하는 대출

5. 직접·간접을 불문하고 해당 은행의 주식을 사게 하기 위한 대출

6. 해당 은행의 임직원에 대한 대출(금융위원회가 정하는 소액대출은 제외한다)

[전문개정 2010. 5. 17.]

제39조(비업무용 자산 등의 보고 및 처분) 은행은 그 소유물이나 그 밖의 자산 중 이 법에 따라 그 취득 또는 보유가 금지되거나 저당권 등 담보권의 실행으로 취득한 자산이 있는 경우에는 금융위원회가 정하는 바에 따라 금융위원회에 보고하고, 이를 처분하여야 한다. 〈개정 2021. 12. 7.〉

[전문개정 2010. 5. 17.]

[제목개정 2021. 12. 7.]

제40조(이익준비금의 적립) 은행은 적립금이 자본금의 총액이 될 때까지 결산 순이익금을 배당할 때마다 그 순이익금의 100분의 10 이상을 적립하여야 한다.

[전문개정 2010. 5. 17.]

제41조(재무제표의 공고 등) ① 은행은 그 결산일 후 3개월 이내에 금융위원회가 정하는 서식에 따라 결산일 현재의 재무상태표, 그 결

산기(決算期)의 손익계산서 및 금융위원회가 정하는 연결재무제표(聯結財務諸表)를 공고하여야 한다. 다만, 부득이한 사유로 3개월 이내에 공고할 수 없는 서류에 대하여는 금융위원회의 승인을 받아 그 공고를 연기할 수 있다. 〈개정 2021. 4. 20.〉

② 제1항에 따른 재무상태표, 손익계산서 및 연결재무제표에는 대표자 및 담당 책임자가 서명·날인하여야 한다. 〈개정 2021. 4. 20.〉

③ 은행의 결산일은 12월 31일로 한다. 다만, 금융위원회는 결산일의 변경을 지시할 수 있으며, 은행은 금융위원회의 승인을 받아 결산일을 변경할 수 있다.

[전문개정 2010. 5. 17.]

제42조(재무상태표 등의 제출) ① 은행은 매월 말일을 기준으로 한 재무상태표를 다음 달 말일까지 한국은행이 정하는 서식에 따라 작성하여 한국은행에 제출하여야 하며, 한국은행은 이를 한국은행 통계월보(統計月報)에 게재하여야 한다 〈개정 2021. 4. 20.〉

② 제1항에 따른 재무상태표에는 담당 책임자 또는 그 대리인이 서명·날인하여야 한다. 〈개정 2021. 4. 20.〉

③ 은행은 법률에서 정하는 바에 따라 제1항에 따른 재무상태표 외에 한국은행의 업무 수행에 필요한 정기적 통계자료 또는 정보를 한국은행에 제공하여야 한다. 〈개정 2021. 4. 20.〉

[전문개정 2010. 5. 17.]

[제목개정 2021. 4. 20.]

제43조(자료 공개의 거부) 은행은 「상법」 제466조제1항에 따른 회계장부와 서류의 열람 또는 등사의 청구가 있는 경우에도 은행이용자의 권익을 심하게 해칠 염려가 있을 때에는 그 청구를 거부할 수 있다.

[전문개정 2010. 5. 17.]

제43조의2(업무보고서 등의 제출) ① 은행은 매월의 업무 내용을 기술한 보고서를 다음 달 말일까지 「금융위원회의 설치 등에 관한 법률」에 따라 설립된 금융감독원(이하 "금융감독원"이라 한다)의 원장(이하 "금융감독원장"이라 한다)이 정하는 서식에 따라 금융감독원장에게 제출하여야 한다.

② 제1항에 따른 보고서에는 대표자와 담당 책임자 또는 그 대리인이 서명·날인하여야 한다.

③ 은행은 금융감독원장이 감독 및 검사 업무를 수행하기 위하여 요구하는 자료를 제공하여야 한다.

[본조신설 2010. 5. 17.]

제43조의3(경영공시) 은행은 예금자와 투자자를 보호하기 위하여 필요한 사항으로서 대통령령으로 정하는 사항을 금융위원회가 정하는 바에 따라 공시하여야 한다.

[본조신설 2010. 5. 17.]

제43조의4(정기주주총회 보고) ① 은행은 다음 각 호의 사항을 정기주주총회에 보고하여야 한다.

1. 해당 회계연도 중 변동된 부실여신 현황
2. 대통령령으로 정하는 금액 이상의 대출 및 지급보증 이용자에 대하여 해당 회계연도 중 신규 발생한 채권 재조정 현황
3. 해당 회계연도 중 지출한 기부금내역
4. 자회사등의 영업성과와 재무상태에 관한 경영평가 결과
5. 그 밖에 은행의 경영건전성에 영향을 미치고 주주가 알아야 할 필요가 있는 사항으로서 대통령령으로 정하는 사항

② 제1항 각 호의 보고사항에 관한 세부기준, 제1항에 따른 보고의 방법 및 절차에 관하여 필요한 사항은 금융위원회가 정한다.

[본조신설 2023. 3. 21.]

제7장 감독·검사 〈개정 2010. 5. 17.〉

제44조(은행의 감독) 금융감독원은 금융위원회의 규정과 지시에서 정하는 바에 따라 이 법, 그 밖의 관계 법률, 금융위원회의 규정·명령 및 지시에 대한 은행의 준수 여부를 감독하여야 한다.

[전문개정 2010. 5. 17.]

제45조 삭제 〈2010. 5. 17.〉

제46조(예금지급불능 등에 대한 조치) 금융위원회는 은행의 파산 또는 예금지급불능의 우려 등 예금자의 이익을 크게 해칠 우려가 있

다고 인정할 때에는 예금 수입(受入) 및 여신(與信)의 제한, 예금의 전부 또는 일부의 지급정지, 그 밖에 필요한 조치를 명할 수 있다.

[전문개정 2010. 5. 17.]

제47조(정관변경 등의 보고) 은행이 다음 각 호의 어느 하나에 해당하는 경우에는 대통령령으로 정하는 바에 따라 그 사실을 금융위원회에 보고하여야 한다.

1. 정관을 변경한 때
2. 제10조제1항에 해당하지 아니하는 자본금의 감소를 한 때
3. 본점이 그 본점이 소재한 특별시·광역시·도·특별자치도(이하 "시·도"라 한다)에서 다른 시·도로 이전한 때
4. 제13조제2항에 해당하지 아니하는 국외현지법인 또는 국외지점을 신설한 때, 은행이 국외현지법인 또는 국외지점을 폐쇄한 때, 국외사무소 등을 신설·폐쇄한 때
5. 상호를 변경한 때
6. 삭제 〈2015. 7. 31.〉
7. 자회사등에 출자를 한 때(기업구조조정 촉진을 위하여 금융위원회의 승인을 받은 경우는 제외한다)
8. 다른 회사 등의 지분증권의 100분의 20을 초과하는 지분증권을 담보로 하는 대출을 한 때
9. 외국은행이 지점 또는 대리점을 동일한 시·도로 이전하거나 사무소를 폐쇄한 때
10. 그 밖에 은행의 건전한 경영을 해치거나 예금자 등 은행이용자의 이익을 해칠 우려가 있는 행위로서 대통령령으로 정하는 행위를 한 때

[전문개정 2010. 5. 17.]

제48조(검사) ① 금융감독원장은 은행의 업무와 재산 상황을 검사한다.

② 금융감독원장은 제1항에 따른 검사를 하면서 필요하다고 인정할 때에는 은행에 대하여 업무 또는 재산에 관한 보고, 자료의 제출, 관계자의 출석 및 의견의 진술을 요구할 수 있다.

③ 금융감독원장은 「주식회사 등의 외부감사에 관한 법률」에 따라 은행이 선임한 외부감사인에게 그 은행을 감사한 결과 알게 된 정보나 그 밖에 경영의 건전성에 관련되는 자료의 제출을 요구할 수 있다. 〈개정 2017. 10. 31.〉

④ 제1항에 따라 검사를 하는 사람은 그 권한을 표시하는 증표를 지니고 이를 관계자에게 내보여야 한다.

[전문개정 2010. 5. 17.]

제48조의2(대주주등에 대한 검사) ① 금융위원회는 다음 각 호의 어느 하나에 해당되는 자(이하 이 조에서 "대주주등"이라 한다)가 각각 다음 각 목의 어느 하나에 해당하는 경우에는 금융감독원장으로 하여금 그 목적에 필요한 최소한의 범위에서 해당 대주주등의 업무 및 재산 상황을 검사하게 할 수 있다. 〈개정 2013. 8. 13.〉

1. 전환대상자

가. 제16조의3제2항에 따른 점검결과를 확인하기 위하여 필요한 경우

나. 전환대상자가 차입금의 급격한 증가, 거액의 손실 발생 등 재무상황의 부실화로 인하여 은행과 불법거래를 할 가능성이 크다고 인정되는 경우

2. 제16조의2제3항제3호에 따라 승인을 얻은 비금융주력자

가. 제16조의2제3항제3호가목 및 다목의 요건을 충족하는 지 여부를 확인하기 위하여 필요한 경우

나. 해당 비금융주력자가 지배하는 비금융회사의 차입금의 급격한 증가 등 재무상황 부실로 인하여 은행과 불법거래를 할 가능성이 크다고 인정되는 경우

3. 은행의 대주주(은행의 대주주가 되려고 하는 자를 포함한다)

가. 제15조제3항에 따른 승인심사를 위하여 필요한 경우

나. 제35조의4를 위반한 혐의가 인정되는 경우

다. 그 밖에 가목 및 나목에 준하는 경우로서 대통령령으로 정하는 경우

② 제1항에 따른 검사의 구체적 범위, 방법, 그 밖에 검사에 필요

한 사항은 금융위원회가 정한다.

③ 제1항에 따른 검사에 관하여는 제48조제2항부터 제4항까지를 준용한다.

[전문개정 2010. 5. 17.]

제49조 삭제 〈2010. 5. 17.〉

제50조(적립금 보유 및 손실처리의 요구) 금융감독원장은 은행의 경영건전성 유지를 위하여 필요하다고 인정할 때에는 은행에 대하여 불건전한 자산을 위한 적립금의 보유 등 대통령령으로 정하는 조치를 요구할 수 있다.

[전문개정 2010. 5. 17.]

제51조 삭제 〈2010. 5. 17.〉

제52조(약관의 변경 등) ① 은행은 이 법에 따른 업무를 취급할 때 은행 이용자의 권익을 보호하여야 하며, 금융거래와 관련된 약관을 제정하거나 변경하는 경우에는 약관의 제정 또는 변경 후 10일 이내에 금융위원회에 보고하여야 한다. 다만, 이용자의 권리나 의무에 중대한 영향을 미칠 우려가 있는 경우로서 대통령령으로 정하는 경우에는 약관의 제정 또는 변경 전에 미리 금융위원회에 신고하여야 한다. 〈개정 2018. 12. 31.〉

② 은행은 약관을 제정 또는 변경하는 경우 다음 각 호의 사항을 준수하여야 한다. 〈신설 2021. 12. 7.〉

1. 이 법 또는 다른 법령에 위반되는 내용을 포함하지 아니할 것
2. 부당하게 은행이용자에게 불리한 내용을 포함하지 아니할 것
3. 예금자 등 은행이용자의 권익을 보호하고 건전한 금융거래질서를 유지하기 위하여 금융위원회가 정하여 고시하는 기준에 적합할 것

③ 은행은 약관을 제정하거나 변경한 경우에는 인터넷 홈페이지 등을 이용하여 공시하여야 한다. 〈개정 2021. 12. 7.〉

④ 제1항에 따라 약관을 보고 또는 신고받은 금융위원회는 그 약관을 공정거래위원회에 통보하여야 한다. 이 경우 공정거래위원회는 통보받은 약관이 「약관의 규제에 관한 법률」 제6조부터 제14조까지

의 규정에 해당하는 사실이 있다고 인정될 때에는 금융위원회에 그 사실을 통보하고 그 시정에 필요한 조치를 취하도록 요청할 수 있으며, 금융위원회는 특별한 사유가 없는 한 이에 응하여야 한다. 〈개정 2018. 12. 31., 2021. 12. 7.〉

⑤ 금융위원회는 건전한 금융거래질서를 유지하기 위하여 필요한 경우에는 은행에 대하여 제1항에 따른 약관의 변경을 권고할 수 있다. 〈개정 2021. 12. 7.〉

⑥ 제1항에 따른 보고 또는 신고의 절차·방법 및 제5항에 따른 약관의 변경 권고와 관련한 심사기준 등은 금융위원회가 정하여 고시한다. 〈개정 2021. 12. 7.〉

[전문개정 2010. 5. 17.]

제52조의2(금융거래상 중요 정보 제공) ① 삭제 〈2020. 3. 24.〉

② 은행은 예금자 등 은행이용자를 보호하고 금융분쟁의 발생을 방지하기 위하여 은행이용자에게 금융거래상 중요 정보를 제공하는 등 적절한 조치를 마련하여야 한다.

③ 제2항에 따른 구체적 내용은 대통령령으로 정한다. 〈개정 2020. 3. 24.〉

④ 삭제 〈2020. 3. 24.〉

⑤ 금융위원회는 은행이용자의 보호 등이 필요하다고 인정하는 경우 제2항에 따른 조치에 대하여 시정 또는 보완을 명할 수 있다.

[본조신설 2010. 5. 17.]

[제목개정 2020. 3. 24.]

제52조의3 삭제 〈2020. 3. 24.〉

제52조의4(고객응대직원에 대한 보호 조치 의무) ① 은행은 이 법에 따른 업무를 운영할 때 고객을 직접 응대하는 직원을 고객의 폭언이나 성희롱, 폭행 등으로부터 보호하기 위하여 다음 각 호의 조치를 하여야 한다.

1. 직원이 요청하는 경우 해당 고객으로부터의 분리 및 업무담당자 교체

2. 직원에 대한 치료 및 상담 지원

3. 고객을 직접 응대하는 직원을 위한 상시적 고충처리 기구 마련. 다만, 「근로자참여 및 협력증진에 관한 법률」 제26조에 따라 고충처리위원을 두는 경우에는 고객을 직접 응대하는 직원을 위한 고충처리위원의 선임 또는 위촉

4. 그 밖에 직원의 보호를 위하여 필요한 법적 조치 등 대통령령으로 정하는 조치

② 직원은 은행에 대하여 제1항 각 호의 조치를 요구할 수 있다.

③ 은행은 제2항에 따른 직원의 요구를 이유로 직원에게 불이익을 주어서는 아니 된다.

[본조신설 2016. 3. 29.]

제53조(은행에 대한 제재) ① 금융위원회는 은행이 이 법 또는 이 법에 따른 규정·명령 또는 지시를 위반하여 은행의 건전한 경영을 해칠 우려가 있다고 인정되거나 「금융회사의 지배구조에 관한 법률」 별표 각 호의 어느 하나에 해당하는 경우(제2호에 해당하는 조치로 한정한다), 「금융소비자 보호에 관한 법률」 제51조제1항제4호, 제5호 또는 같은 조 제2항 각 호 외의 부분 본문 중 대통령령으로 정하는 경우에 해당하는 경우(제2호에 해당하는 조치로 한정한다)에는 금융감독원장의 건의에 따라 다음 각 호의 어느 하나에 해당하는 조치를 하거나 금융감독원장으로 하여금 해당 위반행위의 중지 및 경고 등 적절한 조치를 하게 할 수 있다. 〈개정 2015. 7. 31., 2020. 3. 24.〉

1. 해당 위반행위에 대한 시정명령

2. 6개월 이내의 영업의 일부정지

② 금융위원회는 은행이 다음 각 호의 어느 하나에 해당하면 그 은행에 대하여 6개월 이내의 기간을 정하여 영업의 전부정지를 명하거나 은행업의 인가를 취소할 수 있다. 〈개정 2015. 7. 31., 2020. 3. 24.〉

1. 거짓이나 그 밖의 부정한 방법으로 은행업의 인가를 받은 경우

2. 인가 내용 또는 인가 조건을 위반한 경우

3. 영업정지 기간에 그 영업을 한 경우

4. 제1항제1호에 따른 시정명령을 이행하지 아니한 경우

5. 제1호부터 제4호까지의 경우 외의 경우로서 이 법 또는 이 법에 따른 명령이나 처분을 위반하여 예금자 또는 투자자의 이익을 크게 해칠 우려가 있는 경우

6. 「금융회사의 지배구조에 관한 법률」 별표 각 호의 어느 하나에 해당하는 경우(영업의 전부정지를 명하는 경우로 한정한다)

7. 「금융소비자 보호에 관한 법률」 제51조제1항제4호 또는 제5호에 해당하는 경우

8. 「금융소비자 보호에 관한 법률」 제51조제2항 각 호 외의 부분 본문 중 대통령령으로 정하는 경우(영업의 전부정지를 명하는 경우로 한정한다)

[전문개정 2010. 5. 17.]

제53조의2(기관전용 사모집합투자기구등에 대한 제재 등) ① 기관전용 사모집합투자기구등(제15조제3항에 따른 승인을 얻어 은행의 주식을 보유한 기관전용 사모집합투자기구등에 한한다. 이하 이 조 제2항부터 제4항까지에서 같다)과 기관전용 사모집합투자기구등의 주주 또는 사원이 제15조의5를 위반하는 경우 해당 기관전용 사모집합투자기구등은 초과보유한 주식에 대하여 의결권을 행사할 수 없으며 초과보유한 주식은 지체 없이 처분하여야 한다. 〈개정 2013. 8. 13., 2015. 7. 24., 2021. 4. 20.〉

② 금융위원회는 기관전용 사모집합투자기구등이 제1항을 준수하지 아니하는 경우에는 1개월 이내의 기간을 정하여 초과보유 주식을 처분할 것을 명할 수 있다. 〈개정 2015. 7. 24., 2021. 4. 20.〉

③ 금융위원회는 기관전용 사모집합투자기구등이 제15조의5 각 호의 어느 하나에 해당하는 경우 다음 각 호의 어느 하나에 해당하는 조치를 할 수 있다. 〈개정 2015. 7. 24., 2021. 4. 20.〉

1. 해당 행위의 시정명령 또는 중지명령

2. 해당 행위로 인한 조치를 받았다는 사실의 공표명령 또는 게시명령

3. 기관경고

4. 기관주의

5. 그 밖에 해당 행위를 시정하거나 방지하기 위하여 필요한 조치로서 대통령령으로 정하는 조치

④ 금융위원회는 기관전용 사모집합투자기구등의 재산 운용 등을 담당하는 업무집행사원이 제15조의5 각 호의 어느 하나에 해당하는 경우 다음 각 호의 어느 하나에 해당하는 조치를 할 수 있다. 〈개정 2015. 7. 24., 2017. 4. 18., 2021. 4. 20.〉

1. 그 업무집행사원에 대한 조치

가. 해임요구

나. 6개월 이내의 직무정지

다. 기관경고

라. 기관주의

마. 그 밖에 해당 행위를 시정하거나 방지하기 위하여 필요한 조치로서 대통령령으로 정하는 조치

2. 그 업무집행사원의 임원(「금융회사의 지배구조에 관한 법률」 제2조제5호에 따른 업무집행책임자는 제외한다. 이하 제54조 및 제54조의2에서 같다)에 대한 조치

가. 해임요구

나. 6개월 이내의 직무정지

다. 문책경고

라. 주의적 경고

마. 그 밖에 해당 행위를 시정하거나 방지하기 위하여 필요한 조치로서 대통령령으로 정하는 조치

3. 그 업무집행사원의 직원(「금융회사의 지배구조에 관한 법률」 제2조제5호에 따른 업무집행책임자를 포함한다. 이하 제54조 및 제54조의2에서 같다)에 대한 조치요구

가. 면직

나. 6개월 이내의 정직

다. 감봉

라. 견책

마. 주의

바. 그 밖에 위법행위를 시정하거나 방지하기 위하여 필요한 조치로서 대통령령으로 정하는 조치

⑤ 다음 각 호의 어느 하나에 해당하는 기관전용 사모집합투자기구등(그 주주 또는 사원을 포함한다)에 대하여는 제2항부터 제4항까지를 준용한다. 이 경우 업무집행사원이 개인인 경우에는 제4항제2호를 준용한다. 〈개정 2015. 7. 24., 2021. 4. 20.〉

1. 제15조제1항 · 제3항에 따른 주식의 보유한도를 초과하여 은행의 주식을 보유하는 경우

2. 삭제 〈2013. 8. 13.〉

3. 제16조의4제5항에 따라 주식처분 명령을 받은 경우

⑥ 제5항제1호에 해당하는 기관전용 사모집합투자기구등에 대하여는 제16조제3항을 적용하지 아니한다. 〈개정 2013. 8. 13., 2015. 7. 24., 2016. 3. 29., 2021. 4. 20.〉

[전문개정 2010. 5. 17.]

[제목개정 2015. 7. 24., 2021. 4. 20.]

제54조(임직원에 대한 제재) ① 금융위원회는 은행의 임원이 이 법 또는 이 법에 따른 규정 · 명령 또는 지시를 고의로 위반하거나 은행의 건전한 운영을 크게 해치는 행위를 하는 경우에는 금융감독원장의 건의에 따라 해당 임원의 업무집행 정지를 명하거나 주주총회에 그 임원의 해임을 권고할 수 있으며, 금융감독원장으로 하여금 경고 등 적절한 조치를 하게 할 수 있다.

② 금융감독원장은 은행의 직원이 이 법 또는 이 법에 따른 규정 · 명령 또는 지시를 고의로 위반하거나 은행의 건전한 운영을 크게 해치는 행위를 하는 경우에는 면직 · 정직 · 감봉 · 견책 등 적절한 문책처분을 할 것을 해당 은행의 장에게 요구할 수 있다.

[전문개정 2010. 5. 17.]

제54조의2(퇴임한 임원 등에 대한 조치 내용의 통보) ① 금융위원회(제54조제1항에 따라 조치를 하거나 같은 조 제2항에 따라 문책처

분을 할 것을 요구할 수 있는 금융감독원장을 포함한다)는 은행의 퇴임한 임원 또는 퇴직한 직원이 재임 중이었거나 재직 중이었더라면 제54조제1항 또는 제2항에 해당하는 조치를 받았을 것으로 인정되는 경우에는 그 조치의 내용을 해당 은행의 장에게 통보할 수 있다. 〈개정 2017. 4. 18.〉

② 제1항에 따른 통보를 받은 은행의 장은 이를 퇴임·퇴직한 해당 임직원에게 통보하고, 그 내용을 기록·유지하여야 한다. 〈개정 2017. 4. 18.〉

[전문개정 2010. 5. 17.]

제8장 합병·폐업·해산 〈개정 2010. 5. 17.〉

제55조(합병·해산·폐업의 인가) ① 은행이 다음 각 호의 어느 하나에 해당하는 행위를 하려는 경우에는 대통령령으로 정하는 바에 따라 금융위원회의 인가를 받아야 한다. 〈개정 2016. 3. 29., 2023. 3. 21.〉

1. 분할 또는 합병(분할합병을 포함한다)
2. 해산 또는 은행업의 전부 또는 대통령령으로 정하는 중요한 일부의 폐업
3. 영업의 전부 또는 대통령령으로 정하는 중요한 일부의 양도·양수

② 금융위원회가 제1항에 따른 인가를 하는 경우에는 제8조제4항 및 제5항을 준용한다.

[전문개정 2010. 5. 17.]

제56조(인가 취소에 의한 해산) ① 삭제 〈1999. 2. 5.〉

② 은행은 제53조에 따라 은행업의 인가가 취소된 경우에는 해산한다. 〈개정 2010. 5. 17.〉

③ 법원은 은행이 제2항에 따라 해산한 경우에는 이해관계인이나 금융위원회의 청구 또는 법원의 직권으로 청산인을 선임하거나 해임할 수 있다. 〈개정 2010. 5. 17.〉

[제목개정 2010. 5. 17.]

제57조(청산인 등의 선임) ① 은행이 해산하거나 파산한 경우에는 금융감독원장 또는 그 소속 직원 1명이 청산인이나 파산관재인으로 선임되어야 한다.

② 제1항에 따라 청산인이나 파산관재인으로 선임된 금융감독원장 또는 그 소속 직원은 그 임무에 대하여 보수를 청구할 수 없다. 다만, 그 임무를 수행하는 데에 든 정당한 경비는 해당 재산에서 받을 수 있다.

[전문개정 2010. 5. 17.]

제9장 외국은행의 국내지점 〈개정 2010. 5. 17.〉

제58조(외국은행의 은행업 인가 등) ① 외국은행(외국 법령에 따라 설립되어 외국에서 은행업을 경영하는 자를 말한다. 이하 같다)이 대한민국에서 은행업을 경영하기 위하여 지점·대리점을 신설하거나 폐쇄하려는 경우에는 제8조제2항 및 제55조에도 불구하고 대통령령으로 정하는 바에 따라 금융위원회의 인가를 받아야 한다.

② 금융위원회가 제1항에 따른 인가를 하는 경우에는 제8조제4항 및 제5항을 준용한다.

③ 외국은행이 제1항에 따라 인가를 받은 지점 또는 대리점을 다른 시·도로 이전하거나 사무소를 신설하려는 경우에는 미리 금융위원회에 신고하여야 한다.

[전문개정 2010. 5. 17.]

제59조(외국은행에 대한 법 적용) ① 제58조제1항에 따라 인가를 받은 외국은행의 지점 또는 대리점은 이 법에 따른 은행으로 보며, 외국은행의 국내 대표자는 이 법에 따른 은행의 임원으로 본다. 다만, 제4조, 제9조, 제15조, 제15조의3부터 제15조의5까지, 제16조, 제16조의2부터 제16조의5까지, 제48조의2 및 제53조의2는 적용하지 아니한다. 〈개정 2016. 3. 29.〉

② 하나의 외국은행이 대한민국에 둘 이상의 지점 또는 대리점을 두는 경우 그 지점 또는 대리점 전부를 하나의 은행으로 본다.

[전문개정 2010. 5. 17.]

제60조(인가취소 등) ① 금융위원회는 외국은행의 본점이 다음 각 호의 어느 하나에 해당하게 되면 그 외국은행의 지점 또는 대리점에 관한 제58조제1항에 따른 인가를 취소할 수 있다.

1. 합병이나 영업의 양도로 인하여 소멸한 경우
2. 위법행위, 불건전한 영업행위 등의 사유로 감독기관으로부터 징계를 받은 경우
3. 휴업하거나 영업을 중지한 경우

② 외국은행의 지점·대리점 또는 사무소는 그 외국은행의 본점이 제1항 각 호의 어느 하나에 해당하게 되면 그 사유가 발생한 날부터 7일 이내에 그 사실을 금융위원회에 보고하여야 한다.

③ 외국은행의 본점이 해산 또는 파산하였거나 은행업을 폐업한 경우 또는 은행업의 인가가 취소된 경우에는 그 외국은행의 지점 또는 대리점에 대한 제58조제1항에 따른 인가는 그 사유가 발생한 날에 취소된 것으로 본다. 다만, 금융위원회는 예금자 등 은행이용자의 이익을 보호할 필요가 있는 경우 취소된 날을 달리 정할 수 있다.

[전문개정 2010. 5. 17.]

제61조(인가취소 시의 지점폐쇄 및 청산) ① 외국은행의 지점 또는 대리점이 제53조, 제60조제1항 또는 제3항에 따라 인가가 취소되거나 취소된 것으로 보게 되는 경우에는 그 지점 또는 대리점은 폐쇄되며 대한민국에 있는 재산의 전부를 청산하여야 한다.

② 법원은 제1항의 경우에 이해관계인이나 금융위원회의 청구 또는 법원의 직권으로 청산인을 선임하거나 해임할 수 있다.

③ 제1항에 따른 청산에 관하여는 「상법」 제620조제2항을 준용한다.

[전문개정 2010. 5. 17.]

제62조(외국은행의 국내 자산) ① 외국은행의 지점 또는 대리점은 대통령령으로 정하는 바에 따라 자산의 전부 또는 일부를 대한민국 내에 보유하여야 한다.

② 외국은행의 지점 또는 대리점이 청산을 하거나 파산한 경우

그 자산, 자본금, 적립금, 그 밖의 잉여금은 대한민국 국민과 대한민국에 주소 또는 거소(居所)를 둔 외국인의 채무를 변제하는 데에 우선 충당되어야 한다.

③ 외국은행의 지점 또는 대리점이 보유하는 대한민국 내 자산이 제1항에서 정한 자산보다 적은 경우 금융위원회가 정하여 고시하는 기간 이내에 이를 보전하여야 한다. 이 경우 금융위원회는 신속하게 보전할 필요가 있는 때에는 30일 이내의 기간을 정하여 부족한 자산을 보전할 것을 명할 수 있다. 〈신설 2021. 12. 7.〉

[전문개정 2010. 5. 17.]

제63조(자본금에 관한 규정의 적용) 외국은행의 지점 또는 대리점에 대하여 이 법 중 은행의 자본금에 관한 규정을 적용할 때에는 대통령령으로 정하는 바에 따른다.

[전문개정 2010. 5. 17.]

제10장 보칙 〈개정 2010. 5. 17.〉

제64조(청문) 금융위원회는 다음 각 호의 어느 하나에 해당하는 처분을 하려면 청문을 하여야 한다.

1. 제53조에 따른 인가의 취소
2. 제60조제1항에 따른 외국은행의 지점 또는 대리점의 인가의 취소

[전문개정 2010. 5. 17.]

제65조(권한의 위탁) 금융위원회는 이 법에 따른 권한의 일부를 대통령령으로 정하는 바에 따라 금융감독원장에게 위탁할 수 있다.

[전문개정 2010. 5. 17.]

제65조의2(전자문서에 의한 공고 등) 은행이 제41조, 제42조 또는 제43조의2에 따라 공고를 하거나 자료를 제출할 때에는 각각 금융위원회, 한국은행 총재 또는 금융감독원장이 정하는 바에 따라 전자문서의 방법으로 할 수 있다.

[전문개정 2010. 5. 17.]

제11장 과징금 등의 부과 및 징수 〈개정 2010. 5. 17.〉

제65조의3(과징금) 금융위원회는 은행이 제35조, 제35조의2, 제35조의3, 제37조, 제38조 또는 제62조를 위반하거나 대주주가 제35조의4를 위반한 경우에는 다음 각 호의 구분에 따라 과징금을 부과할 수 있다. 〈개정 2017. 4. 18.〉

1. 제35조제1항ㆍ제3항ㆍ제4항 또는 제37조제3항제1호ㆍ제6항제3호에 따른 신용공여한도를 초과한 경우: 초과한 신용공여액의 100분의 30 이하
2. 제35조의2제1항 또는 제2항에 따른 신용공여한도를 초과한 경우: 초과한 신용공여액 이하
3. 제35조의3제1항에 따른 지분증권의 취득한도를 초과한 경우: 초과 취득한 지분증권의 장부가액(帳簿價額) 합계액 이하
4. 제37조제1항ㆍ제2항 또는 제6항제2호에 따른 지분증권의 소유한도를 초과한 경우: 초과 소유한 지분증권의 장부가액 합계액의 100분의 30 이하
5. 제37조제3항제2호를 위반하여 신용공여를 한 경우: 해당 신용공여액의 100분의 5 이하
6. 제37조제6항제1호를 위반하여 주식을 소유한 경우: 소유한 주식의 장부가액 합계액의 100분의 5 이하
7. 제37조제7항 본문을 위반하여 적정한 담보를 확보하지 아니하고 신용공여를 한 경우: 해당 신용공여액의 100분의 30 이하
8. 제37조제8항 본문을 위반하여 불량자산을 거래한 경우: 해당 불량자산의 장부가액의 100분의 30 이하
9. 제38조제1호에 따른 투자한도를 초과한 경우: 초과 투자액의 100분의 30 이하
10. 제38조제2호를 위반하여 부동산을 소유한 경우: 소유한 부동산 취득가액의 100분의 30 이하
11. 제38조제3호에 따른 부동산 소유한도를 초과한 경우: 초과 소유한 부동산 취득가액의 100분의 30 이하
12. 제38조제4호를 위반하여 해당 은행의 주식을 담보로 대출한

경우: 대출금액의 100분의 5 이하

13. 제38조제5호를 위반하여 대출한 경우: 대출금액의 100분의 5 이하

14. 제62조제1항에 따른 자산을 보유하지 아니한 경우: 위반 금액의 100분의 5 이하

15. 제35조의2제7항 또는 제8항을 위반하여 신용공여하거나 자산을 무상양도·매매·교환한 경우: 해당 신용공여액 또는 해당 자산의 장부가액 이하

16. 대주주가 제35조의4를 위반함으로써 은행이 제35조의2제1항 또는 제2항에 따른 신용공여한도를 초과하여 해당 대주주에게 신용공여한 경우: 초과한 신용공여액 이하

17. 대주주가 제35조의4를 위반함으로써 은행이 제35조의2제7항 또는 제8항을 위반하여 해당 대주주에게 신용공여하거나 자산을 무상양도·매매·교환한 경우: 해당 신용공여액 또는 해당 자산의 장부가액 이하

18. 대주주가 제35조의4를 위반함으로써 은행이 제35조의3제1항에 따른 주식취득한도를 초과하여 해당 대주주의 주식을 취득한 경우: 초과취득한 주식의 장부가액 합계액 이하

[전문개정 2010. 5. 17.]

제65조의4(과징금의 부과) ① 금융위원회는 제65조의3에 따라 과징금을 부과하는 경우에는 다음 각 호의 사항을 고려하여야 한다.

1. 위반행위의 내용 및 정도

2. 위반행위의 기간 및 횟수

3. 위반행위로 인하여 취득한 이익의 규모

② 과징금의 부과에 관하여 그 밖에 필요한 사항은 대통령령으로 정한다.

[전문개정 2010. 5. 17.]

제65조의5(의견 제출) ① 금융위원회는 과징금을 부과하기 전에 미리 당사자 또는 이해관계인 등에게 의견을 제출할 기회를 주어야 한다.

② 제1항에 따른 당사자 또는 이해관계인 등은 금융위원회의 회의에 출석하여 의견을 진술하거나 필요한 자료를 제출할 수 있다.

[전문개정 2010. 5. 17.]

제65조의6(이의신청 특례) ① 금융위원회는 제65조의3에 따른 과징금 부과처분에 대한 이의신청을 받으면 그 신청을 받은 날부터 30일 이내에 그 이의신청에 대한 결과를 신청인에게 통지하여야 한다. 다만, 부득이한 사유로 30일 이내에 통지할 수 없는 경우에는 그 기간을 만료일 다음 날부터 기산하여 30일의 범위에서 한 차례 연장할 수 있다.

② 제1항에서 규정한 사항 외에 이의신청에 관한 사항은 「행정기본법」 제36조에 따른다.

[전문개정 2023. 9. 14.]

제65조의7(과징금의 납부기한 연기 및 분할 납부) ① 금융위원회는 과징금을 부과받은 자(이하 "과징금납부의무자"라 한다)에 대하여 「행정기본법」 제29조 단서에 따라 과징금 납부기한을 연기하거나 과징금을 분할 납부하게 할 수 있으며, 이 경우 필요하다고 인정하면 담보를 제공하게 할 수 있다.

② 과징금납부의무자는 제1항에 따라 과징금의 납부기한을 연기받거나 분할 납부를 하려는 경우에는 그 납부기한의 10일 전까지 금융위원회에 신청하여야 한다.

③ 금융위원회는 제1항에 따라 과징금 납부기한이 연기되거나 분할 납부가 허용된 과징금납부의무자가 다음 각 호의 어느 하나에 해당하게 된 때에는 그 납부기한의 연기 또는 분할 납부 결정을 취소하고 과징금을 일시에 징수할 수 있다.

1. 분할 납부하기로 한 과징금을 그 납부기한까지 내지 아니한 경우

2. 담보 제공 요구에 따르지 아니하거나 제공된 담보의 가치를 훼손하는 행위를 한 경우

3. 강제집행, 경매의 개시, 파산선고, 법인의 해산, 국세 강제징수 또는 지방세 체납처분 등의 사유로 과징금의 전부 또는 나머지를

징수할 수 없다고 인정되는 경우

4. 「행정기본법」 제29조 각 호의 사유가 해소되어 과징금을 한꺼번에 납부할 수 있다고 인정되는 경우

5. 그 밖에 제1호부터 제4호까지에 준하는 사유가 있는 경우

④ 제1항부터 제3항까지에서 규정한 사항 외에 과징금의 납부기한 연기, 분할 납부 또는 담보 제공 등에 관하여 필요한 사항은 대통령령으로 정한다.

[전문개정 2023. 9. 14.]

제65조의8(과징금 징수 및 체납처분) ① 금융위원회는 과징금납부의무자가 납부기한까지 과징금을 내지 아니하면 납부기한의 다음 날부터 과징금을 낸 날의 전날까지의 기간에 대하여 대통령령으로 정하는 가산금을 징수할 수 있다. 이 경우 가산금을 징수하는 기간은 60개월을 초과하지 못한다. 〈개정 2017. 4. 18.〉

② 금융위원회는 과징금납부의무자가 납부기한까지 과징금을 내지 아니하면 기간을 정하여 독촉을 하고, 그 지정한 기간 이내에 과징금과 제1항에 따른 가산금을 내지 아니하면 국세 체납처분의 예에 따라 징수할 수 있다.

③ 금융위원회는 제1항 및 제2항에 따른 과징금 및 가산금의 징수 또는 체납처분에 관한 업무를 국세청장에게 위탁할 수 있다.

④ 과징금의 징수에 관하여 그 밖에 필요한 사항은 대통령령으로 정한다.

[전문개정 2010. 5. 17.]

제65조의9(이행강제금) ① 금융위원회는 제16조제3항 · 제16조의2제5항 · 제16조의3제5항 · 제16조의4제5항 또는 제53조의2제2항에 따른 주식처분명령을 받은 자가 그 정한 기간 이내에 그 명령을 이행하지 아니하면 이행기한이 지난 날부터 1일당 그 처분하여야 하는 주식의 장부가액에 1만분의 3을 곱한 금액을 초과하지 아니하는 범위에서 이행강제금을 부과할 수 있다. 〈개정 2013. 8. 13., 2016. 3. 29.〉

② 이행강제금은 주식처분명령에서 정한 이행기간의 종료일 다음

날부터 주식처분을 이행하는 날[주권(株券) 지급일을 말한다]까지의 기간에 대하여 부과한다.

③ 금융위원회는 주식처분명령을 받은 자가 주식처분명령에서 정한 이행기간의 종료일부터 90일이 지난 후에도 그 명령을 이행하지 아니하면 그 종료일부터 매 90일이 지나는 날을 기준으로 하여 이행강제금을 징수한다.

④ 이행강제금의 부과 및 징수에 관하여는 제65조의4부터 제65조의8까지를 준용한다.

[전문개정 2010. 5. 17.]

제65조의10(과오납금의 환급) ① 금융위원회는 과징금납부의무자가 이의신청의 재결 또는 법원의 판결 등의 사유로 과징금 과오납금의 환급을 청구하는 경우에는 지체 없이 환급하여야 하며, 과징금납무의무자의 청구가 없어도 금융위원회가 확인한 과오납금은 환급하여야 한다.

② 금융위원회가 제1항에 따라 과징금을 환급하는 경우에는 과징금을 납부한 날부터 환급한 날까지의 기간에 대하여 대통령령으로 정하는 가산금 이율을 적용하여 환급가산금을 환급받을 자에게 지급하여야 한다.

[본조신설 2010. 5. 17.]

제65조의11(결손처분) 금융위원회는 과징금납무의무자에게 다음 각 호의 어느 하나에 해당하는 사유가 있으면 결손처분을 할 수 있다.

1. 체납처분이 끝나고 체납액에 충당된 배분금액이 체납액에 미치지 못하는 경우

2. 징수금 등의 징수권에 대한 소멸시효가 완성된 경우

3. 체납자의 행방이 분명하지 아니하거나 재산이 없다는 것이 판명된 경우

4. 체납처분의 목적물인 총재산의 추산가액이 체납처분 비용에 충당하면 남을 여지가 없음이 확인된 경우

5. 체납처분의 목적물인 총재산이 징수금 등보다 우선하는 국세, 지방세, 전세권·질권 또는 저당권으로 담보된 채권 등의 변제에 충

당하면 남을 여지가 없음이 확인된 경우

6. 그 밖에 징수할 가망이 없는 경우로서 대통령령으로 정하는 사유에 해당하는 경우

[본조신설 2010. 5. 17.]

제12장 벌칙 〈개정 2010. 5. 17.〉

제66조(벌칙) ① 다음 각 호의 어느 하나에 해당하는 자는 10년 이하의 징역 또는 5억원 이하의 벌금에 처한다.

1. 제21조의2를 위반한 자
2. 제35조의2제1항부터 제3항까지 및 제7항 · 제8항을 위반하여 대주주에게 신용공여 · 무상양도를 한 자와 그로부터 신용공여 · 무상양도를 받은 대주주 또는 자산을 매매 · 교환한 당사자
3. 제35조의3제1항을 위반하여 대주주가 발행한 지분증권을 취득한 자
4. 제35조의4를 위반한 자

② 제8조에 따른 인가를 받지 아니하고 은행업을 경영하는 자는 5년 이하의 징역 또는 2억원 이하의 벌금에 처한다.

[전문개정 2010. 5. 17.]

제67조(벌칙) 다음 각 호의 어느 하나에 해당하는 자는 3년 이하의 징역 또는 1억원 이하의 벌금에 처한다. 〈개정 2017. 4. 18.〉

1. 제10조제1항을 위반하여 승인을 받지 아니하고 자본금의 감소에 해당하는 행위를 한 자
2. 제35조제1항 · 제3항 또는 제4항을 위반하여 신용공여를 한 자
3. 제37조제1항 · 제3항 또는 제6항부터 제8항까지의 규정 중 어느 하나를 위반한 자

[전문개정 2010. 5. 17.]

제68조(벌칙) ① 은행의 임원, 지배인, 대리점주(대리점주가 법인인 경우에는 그 업무를 집행하는 사원, 임원, 지배인, 그 밖의 법인의 대표자) 또는 청산인(이하 "은행의 임원등"이라 한다)이나 그 직원이 다음 각 호의 어느 하나에 해당하는 행위를 한 경우에는 1년 이하

의 징역 또는 3천만원 이하의 벌금에 처한다.
1. 제9조를 위반하여 최저자본금을 유지하지 아니한 경우
2. 제32조를 위반한 경우
3. 제33조를 위반하여 채권을 발행한 경우
4. 제38조를 위반하여 금지업무를 한 경우
5. 제40조를 위반하여 이익준비금을 적립하지 아니한 경우
6. 제55조제1항에 따른 인가를 받지 아니하고 같은 항 각 호에 규정된 행위를 한 경우
7. 제58조제1항(지점ㆍ대리점을 신설하기 위하여 인가를 받아야 하는 경우는 제외한다)을 위반한 경우
8. 제62조제1항 또는 제2항을 위반한 경우
② 삭제 〈2020. 3. 24.〉
[전문개정 2010. 5. 17.]
제68조의2(양벌규정) 법인의 대표자나 법인 또는 개인의 대리인, 사용인, 그 밖의 종업원이 그 법인 또는 개인의 업무에 관하여 제66조부터 제68조까지의 어느 하나에 해당하는 위반행위를 하면 그 행위자를 벌하는 외에 그 법인 또는 개인에게도 해당 조문의 벌금형을 과(科)한다. 다만, 법인 또는 개인이 그 위반행위를 방지하기 위하여 해당 업무에 관하여 상당한 주의와 감독을 게을리하지 아니한 경우에는 그러하지 아니하다.
[전문개정 2010. 5. 17.]
제69조(과태료) ① 다음 각 호의 어느 하나에 해당하는 자에게는 1억원 이하의 과태료를 부과한다. 〈개정 2013. 8. 13., 2016. 3. 29., 2017. 4. 18.〉
1. 제13조제2항 또는 제27조의2제2항 또는 제28조제2항을 위반하여 신고하지 아니한 자
2. 제14조를 위반하여 유사상호를 사용한 자
3. 제15조제2항 및 제15조의4를 위반하여 보고를 하지 아니한 자
4. 제15조의3제3항(제15조제3항에 따른 승인의 심사를 위한 경

우를 포함한다), 제16조의4제2항 또는 제35조의5제1항 · 제2항에 따른 자료제공 등의 요구에 따르지 아니한 자

5. 제30조를 위반한 은행

5의2. 제34조의2제1항을 위반한 은행

5의3. 제34조의3제1항을 위반한 은행

6. 제35조의2제4항 또는 제35조의3제4항을 위반하여 이사회의 의결을 거치지 아니한 은행

7. 제35조의2제5항 · 제6항 또는 제35조의3제5항 · 제6항을 위반하여 금융위원회에 대한 보고 또는 공시를 하지 아니한 은행

7의2. 제41조에 따른 공고를 거짓으로 한 은행

7의3. 제43조의2를 위반하여 보고서를 제출하거나 보고서에 사실과 다른 내용을 적은 은행

7의4. 제43조의3을 위반하여 공시를 하거나 사실과 다른 내용을 공시한 은행

7의5. 제48조에 따른 검사를 거부 · 방해 또는 기피한 은행

8. 제48조의2에 따른 검사를 거부 · 방해 또는 기피한 자

9. 제52조의2를 위반한 은행

10. 삭제 〈2020. 3. 24.〉

11. 그 밖에 이 법 또는 이 법에 따른 규정 · 명령 또는 지시를 위반한 은행

② 다음 각 호의 어느 하나에 해당하는 자에게는 5천만원 이하의 과태료를 부과한다. 〈신설 2016. 3. 29., 2017. 4. 18., 2023. 3. 21.〉

1. 제34조의3제3항을 위반하여 보고 또는 공시를 하지 아니한 은행

2. 제43조의4제1항을 위반하여 정기주주총회에 보고를 하지 아니하거나 사실과 다른 내용을 보고한 은행

③ 제52조의4를 위반하여 직원의 보호를 위한 조치를 하지 아니하거나 직원에게 불이익을 준 은행에게는 3천만원 이하의 과태료를 부과한다. 〈신설 2016. 3. 29., 2017. 4. 18.〉

④ 제30조의2제2항을 위반하여 금리인하요구권을 알리지 아니한 은행에는 2천만원 이하의 과태료를 부과한다. 〈신설 2020. 5. 19.〉

⑤ 은행의 임원등 또는 직원이 다음 각 호의 어느 하나에 해당하는 경우에는 2천만원 이하의 과태료를 부과한다. 〈개정 2016. 3. 29., 2017. 4. 18., 2018. 12. 11. 2020. 5. 19.〉

1. 삭제 〈2020. 5. 19.〉

2. 삭제 〈2015. 7. 31.〉

2의2. 삭제 〈2017. 4. 18.〉

2의3. 삭제 〈2017. 4. 18.〉

3. 삭제 〈2017. 4. 18.〉

4. 삭제 〈2017. 4. 18.〉

5. 제48조에 따른 검사를 거부·방해 또는 기피한 경우

6. 삭제 〈2017. 4. 18.〉

7. 이 법에 따른 서류의 비치, 제출, 보고, 공고 또는 공시를 게을리한 경우

8. 그 밖에 이 법 또는 이 법에 따른 규정·명령 또는 지시를 위반한 경우

⑥ 제1항부터 제5항까지에 따른 과태료는 대통령령으로 정하는 바에 따라 금융위원회가 부과·징수한다. 〈개정 2016. 3. 29., 2020. 5. 19.〉

[전문개정 2010. 5. 17.]

부칙 〈제5499호, 1998. 1. 13.〉

제1조 (시행일) ①이 법은 1998년 4월 1일부터 시행한다. 다만, 제64조 및 부칙 제7조의 개정규정은 1998년 1월 1일부터 시행하고, 제15조 내지 제17조, 제22조제1항 내지 제8항 및 제10항, 제26조, 제35조제3항과 부칙 제6조제3항 및 제10조제2항의 개정규정은 공포한 날부터 시행한다.

②제1항 단서의 규정의 시행과 관련한 금융감독위원회의 권한은 이 법을 공포한 날부터 1998년 3월 31일까지는 한국은행은행감독원장이 행한다.

제2조 (감사의 임기에 관한 적용례) 제19조제1호의 개정규정에 의

한 감사의 임기는 이 법 시행후 최초로 선임되는 감사부터 적용한다.

제3조 (일반적 경과조치) ①이 법 시행전에 종전의 규정에 의하여 재정경제원장관·금융통화운영위원회 또는 한국은행은행감독원장이 행한 인가·승인·결정·명령·처분 기타의 행위는 이 법에 의하여 재정경제원장관·금융감독위원회 또는 금융감독원장이 행한 행위로 본다.

②이 법 시행전에 종전의 규정에 의하여 재정경제원장관·금융통화운영위원회 또는 한국은행은행감독원장에 대하여 행한 신고·보고 기타의 행위는 이 법에 의하여 재정경제원장관·금융감독위원회 또는 금융감독원장에 대하여 행한 행위로 본다.

제4조 (비상임이사 구성비율 조정에 따른 경과조치) 제22조의 개정규정에 의한 이사회는 1998년 1월 1일 이후 최초로 소집되는 정기주주총회에서 구성하며, 그 전까지는 1998년 1월 1일당시의 이사회를 이 법에 의한 이사회로 본다.

제5조 (벌칙에 관한 경과조치) 이 법 시행전의 행위에 대한 벌칙의 적용에 있어서는 종전의 규정에 의한다.

제6조 삭제 〈2002. 4. 27.〉

제7조 (후보추천위원회에 대한 특례) ①1998년 1월 1일당시 종전의 제14조의7의 규정을 적용받지 아니하는 금융기관으로서 1998년 1월 1일후 최초로 소집되는 정기주주총회에서 은행장 또는 감사의 임기가 만료되는 금융기관은 임시추천위원회를 구성한다.

②제1항의 규정에 의한 임시추천위원회 위원은 제22조의 개정규정에 의한 비상임이사후보로 구성하되, 주주총회의 선임을 요하지 아니한다.

③제1항의 규정에 의한 임시추천위원회의 위원수는 이사회에서 정한다.

④임시추천위원회의 의장은 위원중에서 호선한다.

⑤임시추천위원회 위원은 1998년 1월 1일후 최초로 소집되는 정기주주총회에서 비상임이사후보로 추천된다.

제8조 (이사회제도의 적용에 관한 특례) 이 법 시행전에 금융산업의 구조개선에관한법률에 의하여 전환한 금융기관에 대하여는 제22조 제3항·제5항 내지 제9항의 개정규정을 적용하지 아니한다.〈개정 1999. 2. 5.〉

제9조 (다른 법률의 개정) ①공업배치및공장설립에관한법률중 다음과 같이 개정한다.

제39조제1항제3호중 "은행법 제9조"를 "은행법 제8조"로 한다.

②공직선거및선거부정방지법중 다음과 같이 개정한다.

제174조제2항중 "은행법 제3조"를 "은행법 제2조"로, "은행법 제3조제2항"을 "은행법 제5조"로 한다.

③국가유공자등예우및지원에관한법률중 다음과 같이 개정한다.

제58조중 "은행법 제3조"를 "은행법 제2조"로 한다.

④금융기관의연체대출금에관한특별조치법중 다음과 같이 개정한다.

제2조제1항중 "은행법 제3조"를 "은행법 제2조"로 한다.

⑤선거관리위원회법중 다음과 같이 개정한다.

제16조제2항중 "은행법 제3조"를 "은행법 제2조"로 한다.

⑥우편환법중 다음과 같이 개정한다.

제13조제1항중 "은행법 제3조"를 "은행법 제2조"로 한다.

⑦유통단지개발촉진법중 다음과 같이 개정한다.

제29조제1항제2호중 "은행법 제9조"를 "은행법 제8조"로 한다.

제10조 (다른 법령과의 관계) ①이 법 시행당시의 법령중 종전의 은행법의 규정을 인용한 경우 이 법중 그에 해당하는 규정이 있는 때에는 이 법의 해당 규정을 인용한 것으로 본다.

②정부가 금융기관의 발행주식의 100분의 50이상을 소유하는 경우에는 정부투자기관관리기본법 제2조의 규정에 불구하고 당해 금융기관은 정부투자기관으로 보지 아니한다.

부칙 〈제5520호, 1998. 2. 24.〉

①(시행일)이 법은 공포한 날부터 시행한다.

②(금융감독위원회의 권한에 관한 경과조치) 제37조제2항의 개정

규정의 시행과 관련한 금융감독위원회의 승인권한은 이 법을 공포한 날부터 1998년3월31일까지는 한국은행은행감독원장이 행한다.

부칙 〈제5540호, 1998. 5. 25.〉

이 법은 공포한 날부터 시행한다.

부칙 〈제5745호, 1999. 2. 5.〉

제1조 (시행일) 이 법은 1999년 4월 1일부터 시행한다. 다만, 제15조제7항 및 제35조제1항 내지 제3항의 개정규정은 2000년 1월 1일부터 시행한다.

제2조 (신용공여한도에 관한 경과조치) ①부칙 제1조 단서의 규정에 의한 제15조제7항 및 제35조제1항·제3항의 개정규정의 시행당시 동 개정규정에 의한 한도를 초과하여 신용공여를 하고 있는 금융기관은 2002년 12월 31일까지 동 개정규정에 적합하도록 하여야 하며, 이를 이행하기 위한 세부계획서를 2000년 1월 31일까지 금융감독위원회에 제출하여 승인을 얻어야 한다.

②이 법 시행당시 제35조제4항의 개정규정에 의한 한도를 초과하여 신용공여를 하고 있는 금융기관은 2000년 3월 31일까지 동 개정규정에 적합하도록 하여야 하며, 이를 이행하기 위한 세부계획서를 1999년 4월 30일까지 금융감독위원회에 제출하여 승인을 얻어야 한다.

제3조 (임원의 자격요건 등에 관한 경과조치) ①이 법 시행당시 재임중인 금융기관의 임원이 이 법 시행전에 발생한 사유로 인하여 제18조제1항제7호 또는 제8호에 해당하게 되는 경우에는 이 법 시행일부터 1년간은 종전의 규정에 의한다.

②이 법 시행당시 재임중인 금융기관의 임원의 임기에 관하여는 제19조의 개정규정에 불구하고 종전의 규정에 의한다. 다만, 당해 금융기관이 정관으로 따로 정하는 경우에는 그러하지 아니한다.

제4조 (벌칙에 관한 경과조치) 이 법 시행전의 행위에 대한 벌칙의 적용에 있어서는 종전의 규정에 의한다.

부칙 〈제5982호, 1999. 5. 24.〉 (정부조직법)

제1조 (시행일) 이 법은 공포한 날부터 시행한다.〈단서 생략〉

제2조 생략

제3조 (다른 법률의 개정) ①내지 ㊵생략

㊶은행법중 다음과 같이 개정한다

제7조제1항 및 제8조제2항중 "재정경제부장관이"를 각각 "금융감독위원회가"로 한다.

제7조제2항, 제8조제3항, 제55조제2항, 제58조제2항, 제60조제1항 본문 및 제64조 본문중 "재정경제부장관은"을 각각 "금융감독위원회는"으로 한다.

제8조제1항중 "금융감독위원회의 추천에 의하여 재정경제부장관의"를 "금융감독위원회의"로 한다.

제11조제1항중 "신청서(제8조제1항의 규정에 의한 인가의 경우에는 금융감독위원회가 재정경제부장관에게 추천함에 필요한 서류를 포함한다)"를 "신청서"로 하고, 동조제2항중 "신청서 및 추천에 필요한 서류"를 "신청서"로 한다.

제12조중 "재정경제부장관 또는 금융감독위원회가"를 "금융감독위원회가"로 한다.

제27조제2항중 "재정경제부장관이"를 "대통령령으로"한다.

제28조제1항, 제56조제3항, 제61조제2항 및 제67조중 "재정경제부장관"을 각각 "금융감독위원회"로 한다.

제53조제1항 본문중 "조치를 하게 할 수 있으며, 필요한 때에는 재정경제부장관에게 그 은행업인가의 취소를 요청할 수 있다."를 "조치를 하게 할 수 있다."로 하고, 동항에 제3호를 다음과 같이 신설하며, 동조제2항을 삭제한다.

3. 은행업인가의 취소

제55조제1항 본문중 "금융감독위원회의 의견을 첨부하여 재정경제부장관의"를 "금융감독위원회의"로 한다.

제58조제1항 전단중 "금융감독위원회의 추천에 의하여 재정경제부장관의"를 "금융감독위원회의"로 한다.

제60조제2항중 "재정경제부장관에게"를 "금융감독위원회에"로 한다.

제65조제1항을 삭제한다.

㊷내지 〈78〉생략

제4조 내지 제6조 생략

부칙 〈제6018호, 1999. 9. 7.〉 (농업협동조합법)

제1조 (시행일) 이 법은 2000년 7월 1일부터 시행한다.〈단서 생략〉

제2조 내지 제17조 생략

제18조 (다른 법률의 개정) ①내지 ②생략

③은행법중 다음과 같이 개정한다.

제5조를 다음과 같이 한다.

제5조 (농업협동조합중앙회 등에 대한 특례) 농업협동조합중앙회 및 수산업협동조합중앙회의 신용사업부문은 이를 하나의 금융기관으로 본다.

④내지 ⑦생략

제19조 내지 제21조 생략

부칙 〈제6177호, 2000. 1. 21.〉

제1조 (시행일) 이 법은 공포후 3월이 경과한 날부터 시행한다. 다만, 제17조 및 제23조의2의 개정규정은 공포한 날부터 시행한다.

제2조 (임원의 자격요건에 관한 경과조치) 이 법 시행당시 금융기관의 임원이 이 법 시행전에 발생한 사유로 인하여 제18조제1항제9호의 개정규정에 의한 결격사유에 해당하게 된 경우에는 동 개정규정에 불구하고 종전의 규정에 의한다.

제3조 (사외이사 선임에 관한 경과조치) 이 법 시행당시 금융기관에 재임하고 있는 비상임이사는 제22조의 개정규정에 의한 사외이사로 본다.

제4조 (감사위원회 설치에 관한 경과조치) 금융기관은 이 법 시행후 최초로 소집되는 정기주주총회일까지 제23조의2의 개정규정에 의한 감사위원회를 설치하여야 한다.

제5조 (감사위원회 설치에 따른 상근감사에 관한 경과조치) 이 법

시행당시 감사위원회를 설치하여야 하는 금융기관의 상근감사로 재임하고 있는 자(상근감사가 2인 이상인 경우에는 당해 금융기관의 이사회에서 지명한 상근감사를 말한다)는 부칙 제4조의 규정에 의하여 감사위원회를 설치하여야 하는 정기주주총회일까지 그 임기가 만료되지 아니하고 당해 주주총회에서 해임되지 아니하는 경우 그 임기가 만료될 때까지 당해 금융기관의 감사위원회 위원중 사외이사가 아닌 위원으로 본다. 이 경우 당해 상근감사는 그 임기의 종료시까지 상법 제382조제1항의 규정에 의하여 주주총회에서 선임된 이사로 본다.

제6조 (내부통제기준에 관한 경과조치) 이 법 시행당시의 금융기관은 이 법 시행후 6월 이내에 제23조의3제1항의 개정규정에 의한 내부통제기준을 정하여야 한다.

제7조 (이사회 구성에 관한 경과조치) 제26조제2항의 규정에 의한 금융기관은 이 법 시행후 최초로 소집되는 정기주주총회일까지 동 개정규정에 적합하도록 이사회를 구성하여야 한다.

제8조 (벌칙 및 과태료에 관한 경과조치) 이 법 시행전의 행위에 대한 벌칙 및 과태료규정의 적용에 있어서는 종전의 규정에 의한다.

제9조 (다른 법률의 개정) 농업협동조합법중 다음과 같이 개정한다.

제11조중 "은행법 제22조 내지 제26조"를 "은행법 제22조, 제23조, 제23조의2, 제24조, 제25조 및 제26조"로 하고, "제53조제1항제3호"를 "제53조제2항 및 제3항"으로 한다.

부칙 〈제6256호, 2000. 1. 28.〉 (수산업협동조합법)

제1조 (시행일) ①이 법은 2000년 7월 1일부터 시행한다. 〈단서 생략〉

②생략

제2조 내지 제11조 생략

제12조 (다른 법률의 개정) ①농업협동조합법중 다음과 같이 개정한다.

법률 제6018호 농업협동조합법 부칙 제18조제3항 및 제4항을 각각 다음과 같이 한다.

③은행법중 다음과 같이 개정한다.

제5조를 다음과 같이 한다.

제5조 (농업협동조합중앙회 등에 대한 특례) 농업협동조합중앙회 및 수산업협동조합중앙회의 신용사업부문은 이를 하나의 금융기관으로 본다.

④생략

②내지 ④생략

제13조 및 제14조 생략

부칙 〈제6429호, 2001. 3. 28.〉 (상호저축은행법)

제1조 (시행일) 이 법은 공포한 날부터 2년을 넘지 아니하는 범위내에서 대통령령이 정하는 날부터 시행한다. 〈단서 생략〉

제2조 내지 제9조 생략

제10조 (다른 법률의 개정) ①내지 ⑥생략

⑦은행법중 다음과 같이 개정한다.

제6조중 "상호신용금고업무"를 "상호저축은행업무"로 한다.

⑧내지 ⑪생략

제11조 생략

부칙 〈제6691호, 2002. 4. 27.〉

제1조 (시행일) 이 법은 공포후 3월이 경과한 날부터 시행한다.

제2조 (금융기관의 준법감시인의 자격에 관한 적용례) 제23조의3제4항의 개정규정은 이 법 시행 후 최초로 준법감시인을 선임하는 분부터 적용한다.

제3조 (금융기관 주식보유에 관한 경과조치) 이 법 시행 당시 종전의 제15조제3항 및 제4항의 규정에 의하여 제15조제1항 및 제16조의2제1항의 개정규정에 의한 한도를 초과하여 금융기관의 주식을 보유하고 있는 동일인은 제15조제3항 및 제16조의2제3항의 개정규정에 의하여 당해 주식을 보유한 것으로 본다.

제4조 (임원 등의 겸직제한에 관한 경과조치) 이 법 시행 당시 금융기관의 임원 또는 직원인 자로서 은행지주회사(당해 금융기관을 자

회사로 하는 은행지주회사를 제외한다)의 임원 또는 직원을 겸직하고 있는 자는 이 법 시행후 최초로 도래하는 당해 금융기관 또는 당해 은행지주회사의 주주총회 가운데 후에 도래하는 주주총회일까지 제20조제1항의 개정규정에 적합하도록 하여야 한다.
제5조 (신용공여한도에 관한 경과조치) 이 법 시행 당시 제35조의2 제2항의 개정규정에 의한 한도를 초과하여 신용공여를 하고 있는 금융기관은 이 법 시행일부터 1년 이내에 동 개정규정에 적합하도록 하여야 하며, 이를 이행하기 위한 세부계획서를 이 법 시행일부터 3월이 경과하는 날까지 금융감독위원회에 제출하여 승인을 얻어야 한다.
제6조 (주식취득한도에 관한 경과조치) 이 법 시행 당시 제35조의3 제1항의 개정규정에 의한 한도를 초과하여 대주주가 발행한 주식을 보유하고 있는 금융기관은 이 법 시행일부터 1년 이내에 동 개정규정에 적합하도록 하여야 한다. 다만, 금융감독위원회는 금융기관이 보유하고 있는 대주주의 발행주식 규모, 증권시장의 상황 등에 비추어 부득이하다고 인정되는 경우에는 그 기간을 연장할 수 있다.
제7조 (벌칙 및 과태료에 관한 경과조치) 이 법 시행전의 행위에 대한 벌칙 및 과태료규정의 적용에 있어서는 종전의 규정에 의한다.

부칙 〈제7428호, 2005. 3. 31.〉 (채무자 회생 및 파산에 관한 법률)
제1조 (시행일) 이 법은 공포 후 1년이 경과한 날부터 시행한다.
제2조 내지 제4조 생략
제5조 (다른 법률의 개정) ①내지 〈88〉생략
〈89〉은행법 일부를 다음과 같이 개정한다.
제18조제1항제3호중 “파산자”를 “파산선고를 받은 자”로 한다.
제20조제2항제2호중 “회사정리법”을 “「채무자 회생 및 파산에 관한 법률」”로 한다.
〈90〉내지 〈145〉생략
제6조 생략

부칙 〈제8635호, 2007. 8. 3.〉 (자본시장과 금융투자업에 관한 법률)

제1조 (시행일) 이 법은 공포 후 1년 6개월이 경과한 날부터 시행한다. 〈단서 생략〉

제2조 부터 제41조까지 생략

제42조 (다른 법률의 개정) ① 부터 ⑬ 까지 생략

⑭ 은행법 일부를 다음과 같이 개정한다.

제2조제1항제9호다목 중 “증권투자회사법에 의한 증권투자회사(이하 "증권투자회사"라 한다)”를 “「자본시장과 금융투자업에 관한 법률」에 따른 투자회사(이하 "투자회사"라 한다)”로, “당해 증권투자회사”를 “해당 투자회사”로 한다.

제15조제6항 중 “증권투자회사가”를 “투자회사가”로, “증권투자회사에 대하여는 증권투자회사법 제28조제2항제1호 및 제2호”를 “투자회사에 대하여는 「자본시장과 금융투자업에 관한 법률」 제81조제1항제1호가목 및 다목”으로 한다.

⑮ 부터 〈67〉 까지 생략

제43조 및 제44조 생략

부칙 〈제8852호, 2008. 2. 29.〉 (정부조직법)

제1조(시행일) 이 법은 공포한 날부터 시행한다. 다만, ···〈생략〉···, 부칙 제6조에 따라 개정되는 법률 중 이 법의 시행 전에 공포되었으나 시행일이 도래하지 아니한 법률을 개정한 부분은 각각 해당 법률의 시행일부터 시행한다.

제2조 부터 제5조까지 생략

제6조(다른 법률의 개정) ① 부터 ㊼ 까지 생략

㊽ 은행법 일부를 다음과 같이 개정한다.

제23조의3제4항제1호라목 중 “재정경제부”를 “기획재정부”로 한다.

㊾ 부터 〈760〉 까지 생략

제7조 생략

부칙 〈제8863호, 2008. 2. 29.〉 (금융위원회의 설치 등에 관한 법률)

제1조(시행일) 이 법은 공포한 날부터 시행한다.

제2조 부터 제4조까지 생략

제5조(다른 법률의 개정) ① 부터 〈67〉 까지 생략

〈68〉 은행법 일부를 다음과 같이 개정한다.

제2조제1항제3호, 제2조제2항, 제7조제1항ㆍ제2항, 제8조제1항부터 제3항까지, 제10조제1항부터 제3항까지, 제11조제1항ㆍ2항, 제12조, 제13조, 제16조제2항, 제18조제1항제8호ㆍ제3항, 제28조제1항, 제35조제2항, 제37조제2항부터 제4항까지, 제38조제1호ㆍ제8호, 제39조, 제41조제1항ㆍ제3항, 제44조, 제45조제2항부터 제4항까지, 제46조, 제51조, 제52조제1항 본문, 같은 조 제2항부터 제4항까지, 제53조제1항ㆍ제2항, 제54조제1항, 제55조제1항ㆍ제2항, 제56조제3항, 제58조제1항부터 제3항까지, 제60조제1항ㆍ제2항, 제61조제2항, 제64조, 제65조제2항 및 제69조제4항부터 제7항까지 중 "금융감독위원회"를 각각 "금융위원회"로 한다.

제15조제2항부터 제4항까지, 제16조의2제2항ㆍ제3항ㆍ제5항, 제16조의3제1항부터 제5항까지, 제16조의4제1항부터 제3항까지, 제16조의4제5항, 제23조의3제4항제1호라목ㆍ제3호, 제35조의2제5항, 제35조의3제1항ㆍ제4항, 제35조의5제1항ㆍ제2항, 제37조제7항ㆍ제8항, 제48조의2제1항ㆍ제2항, 제52조제1항 단서, 제65조의2, 제65조의3, 제65조의4제1항, 제65조의5제1항ㆍ제2항, 제65조의6제1항ㆍ제2항, 제65조의7제1항부터 제3항까지, 제65조의8제1항부터 제3항까지, 제65조의9제1항ㆍ제3항 및 제69조제1항제4호 중 "금융감독위원회"를 각각 "금융위원회"로 한다.

제3조제1항, 제18조제1항제7호, 제23조의3제4항제1호가목 및 제44조 중 "금융감독기구의설치등에관한법률"을 "「금융위원회의 설치 등에 관한 법률」"로 한다.

〈69〉 부터 〈85〉 까지 생략

부칙 〈제8905호, 2008. 3. 14.〉

①(시행일) 이 법은 공포한 날부터 시행한다.

②(임원 자격요건 변경에 관한 적용례) 제18조제1항의 개정규정은 이 법 시행 후 최초로 발생하는 사유로 인하여 임원 결격사유에 해당하게 되는 자부터 적용한다.

부칙 〈제9784호, 2009. 6. 9.〉

제1조(시행일) 이 법은 공포 후 4개월이 경과한 날부터 시행한다.

제2조(비금융주력자에 대한 승인에 관한 경과조치) 이 법 시행 당시 제16조의2제2항에 따라 금융위원회의 승인을 얻어 주식을 보유하고 있는 비금융주력자는 제15조의2의 개정규정에 따른 승인을 받은 것으로 본다. 다만, 이 법 시행일부터 1년 이내에 제15조의2의 개정규정에 따른 승인을 다시 받아야 한다.

제3조(과징금에 관한 경과조치) 이 법 시행 전에 제35조의2제1항·제2항 및 제35조의3제1항을 위반한 행위에 대한 과징금부과처분에 관하여는 종전의 규정에 따른다.

제4조(다른 법률의 개정) 자본시장과 금융투자업에 관한 법률 일부를 다음과 같이 개정한다.

제275조 및 제446조제50호를 각각 삭제한다.

부칙 〈제10303호, 2010. 5. 17.〉

제1조(시행일) 이 법은 공포 후 6개월이 경과한 날부터 시행한다. 다만, 제35조의3제1항 단서의 개정규정은 공포한 날부터 시행한다.

제2조(임원자격에 관한 적용례) 제18조제1항의 개정규정은 이 법 시행 후 최초로 선임되는 임원(「상법」 제401조의2제1항제3호에 따른 자로서 대통령령으로 정하는 자를 포함한다)부터 적용한다.

제3조(겸영업무의 신고에 관한 특례) 은행은 이 법 시행 당시 종전의 제28조에 따라 운영하고 있는 업무는 제28조제2항의 개정규정에도 불구하고 신고를 하지 아니하고 운영할 수 있다.

제4조(이사회의 구성 및 사외이사 선임 등에 관한 경과조치 등) ①

은행은 이 법 시행 후 최초로 소집되는 주주총회일까지 제22조제2항 후단의 개정규정에 적합하도록 하여야 한다.

② 제22조제3항 및 제22조제7항의 개정규정은 이 법 시행 후 최초로 선임되는 사외이사부터 적용한다.

제5조(감사위원회에 관한 경과조치 등) ① 은행은 이 법 시행 후 최초로 소집되는 주주총회일까지 제23조의2제2항의 개정규정에 적합하도록 하여야 한다.

② 제23조의2제3항 및 제5항의 개정규정은 이 법 시행 후 최초로 선임되는 감사위원회 위원부터 적용한다.

제6조(지배구조내부규범에 관한 경과조치) ① 은행은 이 법 시행일부터 6개월 이내에 제23조의4제1항의 개정규정에 따른 지배구조내부규범을 정하여 같은 조 제3항제1호의 개정규정에 따라 공시하여야 한다.

② 은행은 제23조의4제3항제2호의 개정규정에 따른 지배구조내부규범에 따른 운영 현황을 제1항에 따른 지배구조내부규범을 공시한 지 1년 이내에 공시한다.

제7조(이해상충의 관리에 관한 경과조치) 은행은 제28조의2제2항의 개정규정에 따라 새로 내부통제기준에 반영하여야 하거나, 같은 조 제6항의 개정규정에 따라 새로 은행업무와 구별하고 별도의 장부와 기록을 보유하여야 하는 경우에는 이 법 시행일부터 6개월 이내에 개정규정에 적합하도록 하여야 한다

제8조(벌칙에 관한 경과조치) 이 법 시행 전의 행위에 대하여 벌칙을 적용할 때에는 종전의 규정에 따른다.

제9조(다른 법률의 개정) ① 5·18민주유공자예우에 관한 법률 일부를 다음과 같이 개정한다.

제69조제2항 중 " 금융기관"을 "은행"으로 한다.

② 공익사업을 위한 토지 등의 취득 및 보상에 관한 법률 일부를 다음과 같이 개정한다.

제63조제9항제1호가목 중 "금융기관"을 "은행"으로 한다.

③ 공인회계사법 일부를 다음과 같이 개정한다.

제6조제1항제3호 중 “금융기관”을 “은행”으로 한다.

④ 공직선거법 일부를 다음과 같이 개정한다.

제147조제9항제3호 중 “금융기관”을 “은행”으로 한다.

⑤ 교육세법 일부를 다음과 같이 개정한다.

별표 제1호란을 다음과 같이 한다.

1	「은행법」에 따라 인가를 받아 설립된 은행

⑥ 국가균형발전 특별법 일부를 다음과 같이 개정한다.

제47조제1항 중 “금융기관”을 “은행”으로 한다.

⑦ 국가유공자 등 예우 및 지원에 관한 법률 일부를 다음과 같이 개정한다.

제83조제2항 중 “금융기관”을 “은행”으로 한다.

⑧ 국가통합교통체계효율화법 일부를 다음과 같이 개정한다.

제64조제1항제2호 중 “금융기관”을 “은행”으로 한다.

⑨ 국토의 계획 및 이용에 관한 법률 일부를 다음과 같이 개정한다.

제47조제3항 중 “금융기관”을 각각 “은행”으로 한다.

⑩ 근로기준법 일부를 다음과 같이 개정한다.

제37조제1항 중 “금융기관”을 “은행”으로 한다.

⑪ 근로자복지기본법 일부를 다음과 같이 개정한다.

제11조제1항제1호 중 “금융기관”을 “은행”으로 한다.

⑫ 근로자퇴직급여 보장법 일부를 다음과 같이 개정한다.

제14조제3호 중 “금융기관”을 “은행”으로 한다.

⑬ 금융기관부실자산 등의 효율적 처리 및 한국자산관리공사의 설립에 관한 법률 일부를 다음과 같이 개정한다.

제2조제1호가목 중 “금융기관”을 “은행”으로 한다.

⑭ 금융산업의 구조개선에 관한 법률 일부를 다음과 같이 개정한다.

제2조제1호가목 중 “금융기관”을 “은행”으로 하고 제9조제2항 본문 중 “「은행법」에 따른 금융기관”을 “「은행법」에 따른 은행”으로 한다.

⑮ 금융실명거래 및 비밀보장에 관한 법률 일부를 다음과 같이 개정한다.

제2조제1호가목 중 "은행법에 의한 금융기관"을 "「은행법」에 따른 은행"으로 한다.

⑯ 금융위원회의 설치 등에 관한 법률 일부를 다음과 같이 개정한다.

제38조제1호를 다음과 같이 한다.

1. 「은행법」에 따른 인가를 받아 설립된 은행

⑰ 금융지주회사법 일부를 다음과 같이 개정한다.

제2조제1항제5호가목을 다음과 같이 한다.

가. 「은행법」에 따른 인가를 받아 설립된 은행

⑱ 기술신용보증기금법 일부를 다음과 같이 개정한다.

제2조제5호가목 및 제17조제2항제4호 중 "금융기관"을 각각 "은행"으로 한다.

⑲ 기업구조조정 촉진법 일부를 다음과 같이 개정한다.

제2조제1호가목 중 "금융기관"을 각각 "은행"으로 한다.

⑳ 기업구조조정투자회사법 일부를 다음과 같이 개정한다.

제2조제1호가목 및 제22조제2항 중 "금융기관"을 각각 "은행"으로 한다.

㉑ 남북협력기금법 일부를 다음과 같이 한다.

제2조제2호 중 "은행인 금융기관"을 "은행"으로 한다.

㉒ 농림수산업자 신용보증법 일부를 다음과 같이 개정한다.

제2조제2항제4호 중 "금융기관"을 "은행"으로 한다.

㉓ 농수산물유통 및 가격안정에 관한 법률 일부를 다음과 같이 개정한다.

제60조의2제1호 중 "금융기관"을 "은행"으로 한다.

㉔ 농어촌구조개선특별회계법 일부를 다음과 같이 개정한다.

제12조제1항 중 "금융기관"을 "은행"으로 한다.

㉕ 농어촌정비법 일부를 다음과 같이 개정한다.

제70조제2항 중 "금융기관"을 "은행"으로 한다.

㉖ 농업협동조합법 일부를 다음과 같이 개정한다.

제11조제1항 단서 중 “「은행법」 제2조제1항제4호 및 제8호부터 제10호까지, 제8조부터 제12조까지, 제15조, 제16조, 제16조의2부터 제16조의4까지, 제17조, 제18조, 제22조, 제23조, 제23조의2, 제23조의3, 제24조부터 제26조까지, 제30조제2항제3호, 제33조, 제35조의2부터 제35조의5까지, 제37조제1항 · 제2항, 제40조, 제45조제3항 · 제4항, 제48조의2, 제53조제2항, 제55조부터 제64조까지, 제65조의3제2호부터 제4호까지(제37조제1항 · 제2항에 관한 부분만 해당한다) 및 제15호, 제65조의9, 제66조제1항제2호부터 제4호까지 및 제2항제1호, 제67조제2호(제37조제1항에 관한 부분만 해당한다), 제68조제1항제1호 · 제6호 · 제11호 및 제14호부터 제16호까지, 제69조제1항제1호부터 제5호까지, 제69조제2항제1호”를 “「은행법」 제2조제1항제4호 및 제8호부터 제10호까지, 제8조부터 제11조까지, 제11조의2, 제12조, 제15조, 제15조의2부터 제15조의5까지, 제16조, 제16조의2부터 제16조의5까지, 제18조, 제22조, 제23조, 제23조의2, 제23조의3, 제23조의5, 제24조, 제25조, 제30조제2항제3호, 제33조, 제34조제3항 · 제4항, 제35조의2부터 제35조의5까지, 제37조제1항 · 제2항, 제40조, 제47조제1호부터 제3호까지 · 제5호부터 제7호까지 및 제9호, 제48조의2, 제53조제2항, 제53조의2, 제55조부터 제64조까지, 제65조의3제2호부터 제4호까지(제37조제1항 · 제2항에 관한 부분만 해당한다) 및 제14호부터 제18호까지, 제65조의9, 제66조제1항제2호부터 제4호까지 및 제2항, 제67조제2호(제37조제1항에 관한 부분만 해당한다), 제68조제1항제1호 · 제3호 · 제5호부터 제8호까지, 제69조제1항제3호 · 제4호 · 제5호(제30조제2항제3호만 해당한다) · 제6호부터 제8호까지 및 제2항제1호”로 하고, 같은 조 제5항 중 “제45조제2항”을 “제34조제2항”으로 한다.

제134조제1항제4호마목 중 “「은행법」에 따른 금융기관”을 “「은행법」에 따른 은행”으로 한다.

㉗ 농지법 일부를 다음과 같이 개정한다.

제13조제1항제3호 중 “「은행법」에 따라 설립된 금융기관”을 “「은

행법」에 따라 설립된 은행"으로 한다.

㉘ 담보부사채신탁법 일부를 다음과 같이 개정한다.

제5조제2항 중 "은행법에 의한 금융기관"을 "「은행법」에 따른 은행"으로 한다.

㉙ 대외경제협력기금법 일부를 다음과 같이 개정한다.

제2조제2호 중 "은행인 금융기관"을 "은행"으로 한다.

㉚ 독점규제 및 공정거래에 관한 법률 일부를 다음과 같이 개정한다.

제10조의2제2항제1호 중 "금융기관"을 "은행"으로 하고, 제55조의6제1항 중 "금융기관"을 "은행"으로 한다.

㉛ 물류시설의 개발 및 운영에 관한 법률 일부를 다음과 같이 개정한다.

제51조제1항제2호 중 "금융기관"을 "은행"으로 한다.

㉜ 물류정책기본법 일부를 다음과 같이 개정한다.

제43조제3항제3호 중 "금융기관"을 "은행"으로 한다.

㉝ 방문판매 등에 관한 법률 일부를 다음과 같이 개정한다.

제9조제2항 후단 중 "금융기관"을 "은행"으로 한다.

㉞ 벤처기업육성에 관한 특별조치법 일부를 다음과 같이 개정한다.

제13조의2제1항 중 "금융기관"을 "은행"으로 한다.

㉟ 보금자리주택건설 등에 관한 특별법 일부를 다음과 같이 개정한다.

제50조의2제2항 중 "금융기관"을 "은행"으로 한다.

㊱ 보증인 보호를 위한 특별법 일부를 다음과 같이 개정한다.

제2조제3호가목 중 "금융기관"을 각각 "은행"으로 한다.

㊲ 보험업법 일부를 다음과 같이 개정한다.

제91조제1항제1호 및 제115조제2항 중 "금융기관"을 각각 "은행"으로 한다.

㊳ 부동산투자회사법 일부를 다음과 같이 개정한다.

제26조의2제3항제4호 및 제49조의2제6항 중 "금융기관"을 각각 "은행"으로 한다.

㊴ 사회기반시설에 대한 민간투자법 일부를 다음과 같이 개정한다.

제2조제16호가목 중 “금융기관”을 “은행”으로 한다.

㊵ 산업집적활성화 및 공장설립에 관한 법률 일부를 다음과 같이 개정한다.

제39조제2항제3호 중 “금융기관”을 각각 “은행”으로 한다.

㊶ 상가건물 임대차보호법 일부를 다음과 같이 개정한다.

제2조제2항 및 제12조 중 “금융기관”을 각각 “은행”으로 한다.

㊷ 법률 제10175호 상호저축은행법 일부개정법률 일부를 다음과 같이 개정한다.

제36조제4항 중 “「은행법」 제2조”를 “「은행법」 제2조에 따른 은행”으로 한다.

㊸ 새마을금고법 일부를 다음과 같이 개정한다.

제6조제1항 중 “「은행법」 제2조”를 “「은행법」 제2조에 따른 은행”으로 한다.

㊹ 선거관리위원회법 일부를 다음과 같이 개정한다.

제16조제2항 중 “「은행법」 제2조의 규정에 의한 금융기관”을 “「은행법」 제2조에 따른 은행”으로 한다.

㊺ 소방시설공사업법 일부를 다음과 같이 개정한다.

제15조제2항 중 “은행법 제2조제2호에 의한 금융기관”을 “「은행법」 제2조제1항제2호에 따른 은행”으로 한다.

㊻ 소송촉진 등에 관한 특례법 일부를 다음과 같이 개정한다.

제3조제1항 본문 중 “금융기관”을 “은행”으로 한다.

㊼ 법률 제10245호 수산업협동조합법 일부개정법률 일부를 다음과 같이 개정한다.

제11조제1항 단서 중 “「은행법」 제2조제1항제4호 및 제8호부터 제10호까지, 제8조부터 제12조까지, 제15조, 제15조의2부터 제15조의5까지, 제16조, 제16조의2부터 제16조의5까지, 제17조, 제18조, 제22조, 제23조, 제23조의2, 제24조부터 제26조까지, 제30조제2항제3호, 제33조, 제35조의2부터 제35조의5까지, 제37조제1항·제2항 및 제5항부터 제8항까지, 제38조제8호(회원의 조합원인 임

원에게 수산업에 관한 자금을 대출하는 경우만 해당한다), 제40조, 제45조제3항 · 제4항, 제48조의2, 제53조제2항, 제53조의2, 제55조부터 제64조까지, 제65조의3제1호(제37조제6항제3호만 해당한다)부터 제4호까지, 같은 조 제6호부터 제8호까지 및 제15호부터 제19호까지, 제65조의9, 제66조제1항제2호부터 제4호까지, 같은 조 제2항제1호, 제67조제2호(제37조제1항 및 제6항부터 제8항까지만 해당한다), 제68조제1항제1호 · 제6호 · 제11호 및 제14호부터 제16호까지, 제69조제1항제1호부터 제5호까지, 같은 조 제2항제1호"를 "「은행법」 제2조제1항제4호 및 제8호부터 제10호까지, 제8조부터 제11조까지, 제11조의2, 제12조, 제15조, 제15조의2부터 제15조의5까지, 제16조, 제16조의2부터 제16조의5까지, 제18조, 제22조, 제23조, 제23조의2, 제23조의5, 제24조, 제25조, 제30조제2항제3호, 제33조, 제34조제3항 · 제4항, 제35조의2부터 제35조의5까지, 제37조제1항 · 제2항 및 제5항부터 제8항까지, 제38조제6호(회원의 조합원인 임원에 대한 수산업에 관한 자금대출만 해당한다), 제40조, 제47조제1호부터 제3호까지 · 제5호부터 제7호까지 및 제9호, 제48조의2, 제53조의2, 제55조부터 제64조까지, 제65조의3제1호(제37조제6항제3호만 해당한다)부터 제4호까지 · 제6호부터 제8호까지 및 제14호부터 제18호까지, 제65조의9, 제66조제1항제2호부터 제4호까지 및 제2항, 제67조제2호(제37조제1항 · 제6항부터 제8항까지만 해당한다), 제68조제1항제1호 · 제3호 및 제5호부터 제8호까지, 제69조제1항제3호 · 제4호 · 제5호(제30조제2항제3호만 해당한다) · 제6호부터 제8호까지 및 제2항제1호"로 하고, 같은 조 제6항 중 "제45조제2항"을 "제34조제2항"으로 한다.

제51조제1항제12호가목 중 "금융기관"을 "은행"으로 한다.

제138조제1항제3호마목 중 "「은행법」에 따른 금융기관"을 "「은행법」에 따른 은행"으로 한다.

⑱ 신용보증기금법 일부를 다음과 같이 개정한다.

제2조제3항제1호 및 제11조제1항제4호 중 "금융기관"을 각각 "은행"으로 한다.

㊾ 신용협동조합법 일부를 다음과 같이 개정한다.

제6조제3항 중 "은행법 제2조"를 "「은행법」 제2조에 따른 은행"으로 한다.

㊿ 약관의 규제에 관한 법률 일부를 다음과 같이 개정한다.

제18조제2항 중 "금융기관"을 "은행"으로 한다.

〈51〉 여성발전기본법 일부를 다음과 같이 개정한다.

제29조제4항 중 "금융기관"을 "은행"으로 한다.

〈52〉 예금자보호법 일부를 다음과 같이 개정한다.

제2조제1호가목 중 "금융기관"을 "은행"으로 하고, 같은 호 자목 중 "외국금융기관"을 각각 "외국은행"으로 한다.

〈53〉 우편대체법 일부를 다음과 같이 개정한다.

제25조제2항 중 "금융기관"을 각각 "은행"으로 한다.

〈54〉 우편환법 일부를 다음과 같이 개정한다.

제13조제1항ㆍ제2항 및 제18조 중 "금융기관"을 각각 "은행"으로 한다.

〈55〉 자본시장과 금융투자업에 관한 법률 일부를 다음과 같이 개정한다.

제22조제1호 중 "금융기관"을 각각 "은행"으로 하고, 제331조제3항 전단 중 "제45조"를 "제34조"로 한다.

〈56〉 자산유동화에 관한 법률 일부를 다음과 같이 개정한다.

제2조제2호라목 중 "금융기관"을 각각 "은행"으로 한다.

〈57〉 장애인고용촉진 및 직업재활법 일부를 다음과 같이 개정한다.

제35조제2항 및 제72조제3항제1호ㆍ제3호 중 "금융기관"을 각각 "은행"으로 한다.

〈58〉 재해위험 개선사업 및 이주대책에 관한 특별법 일부를 다음과 같이 개정한다.

제8조제1항제4호 중 "금융기관"을 "은행"으로 한다.

〈59〉 전자금융거래법 일부를 다음과 같이 개정한다.

제28조제1항 단서 및 같은 조 제2항 각 호 외의 부분 단서 중

"「은행법」에 따른 금융기관"을 각각 "「은행법」에 따른 은행"으로 한다.

〈60〉 전자상거래 등에서의 소비자보호에 관한 법률 일부를 다음과 같이 개정한다.

제18조제2항 후단 중 "금융기관"을 "은행"으로 한다.

〈61〉 전자어음의 발행 및 유통에 관한 법률 일부를 다음과 같이 개정한다.

제2조제6호 중 "「은행법」에 따른 금융기관"을 "「은행법」에 따른 은행"으로 한다.

〈62〉 전자정부법 일부를 다음과 같이 개정한다.

제36조제2항 중 "인가를 받은 자"를 "인가를 받은 은행"으로 한다.

〈63〉 제주특별자치도설치 및 국제자유도시 조성을 위한 특별법률 일부를 다음과 같이 개정한다.

제297조제3항 중 "금융기관"을 각각 "은행"으로 한다.

〈64〉 주식회사의 외부감사에 관한 법률 일부를 다음과 같이 개정한다.

제17조제5항제2호 중 "금융기관"을 "은행"으로 한다.

〈65〉 주택법 일부를 다음과 같이 개정한다.

제41조의2제3항 중 "금융기관"을 "은행"으로 한다.

〈66〉 주택임대차보호법 일부를 다음과 같이 개정한다.

제7조의2 중 "금융기관"을 "은행"으로 한다.

〈67〉 주택저당채권유동화회사법 일부를 다음과 같이 개정한다.

제2조제1항제6호다목 중 "금융기관"을 각각 "은행"으로 한다.

〈68〉 중소기업은행법 일부를 다음과 같이 개정한다.

제52조제1항 중 "「은행법」 제8조부터 제13조까지, 제28조, 제29조, 제30조제2항제3호, 제31조, 제32조, 제37조제1항 · 제2항, 제38조제1호, 제40조, 제41조, 제48조, 제48조의2, 제49조부터 제51조까지, 제53조, 제54조, 제54조의2, 제55조부터 제57조까지, 제67조, 제68조제1항제3호 · 제5호 · 제11호 · 제14호 · 제16호 및 같은 조 제2항과"를 "「은행법」 제8조부터 제11조까지, 제11조의2, 제12조, 제13조, 제28조, 제28조의2제6항, 제30조제1항 단서, 같은 조

제2항제3호, 제31조, 제32조, 제37조제1항ㆍ제2항, 제38조제1호, 제40조, 제41조, 제43조의3, 제47조제1호부터 제7호까지ㆍ제9호, 제48조, 제48조의2, 제50조, 제53조, 제54조, 제54조의2, 제55조부터 제57조까지, 제67조, 제68조제1항제2호ㆍ제5호ㆍ제6호ㆍ제8호 및 제69조제1항제2호와"로 한다.

〈69〉 지방재정법 일부를 다음과 같이 개정한다.

제77조제1항 중 "금융기관"을 "은행"으로 한다.

〈70〉 지역신용보증재단법 일부를 다음과 같이 개정한다.

제2조제3호가목 중 "금융기관"을 "은행"으로 한다.

〈71〉 채무자 회생 및 파산에 관한 법률 일부를 다음과 같이 개정한다.

제16조제3항제2호 및 제601조제1항제5호 중 "금융기관"을 각각 "은행"으로 한다.

〈72〉 취업 후 학자금상환 특별법 일부를 다음과 같이 개정한다.

제3조제5호 중 "금융기관"을 "은행"으로 한다.

〈73〉 택지개발촉진법 일부를 다음과 같이 개정한다.

제19조의2제2항 중 "금융기관"을 "은행"으로 한다.

〈74〉 토지임대부 분양주택 공급촉진을 위한 특별조치법 일부를 다음과 같이 개정한다.

제10조제6항 중 "금융기관"을 "은행"으로 한다.

〈75〉 특수임무수행자 지원 및 단체설립에 관한 법률 일부를 다음과 같이 개정한다.

제81조제2항 중 "금융기관"을 "은행"으로 한다.

〈76〉 특정 금융거래정보의 보고 및 이용 등에 관한 법률 일부를 다음과 같이 개정한다.

제2조제1호가목 중 "금융기관"을 "은행"으로 한다.

〈77〉 하도급거래 공정화에 관한 법률 일부를 다음과 같이 개정한다.

제6조제2항, 제11조제3항, 제13조제8항, 제13조의2제2항 및 제15조제3항 중 "금융기관"을 각각 "은행"으로 한다.

〈78〉 한국농어촌공사 및 농지관리기금법 일부를 다음과 같이 개정한다.

제30조제5항제1호 및 제35조제2항 단서 중 "금융기관"을 각각 "은행"으로 한다.

〈79〉 한국마사회법 일부를 다음과 같이 개정한다.

제40조제1호 중 "금융기관"을 "은행"으로 한다.

〈80〉 한국산업은행법 일부를 다음과 같이 개정한다.

제2조의2제1항 단서 중 "제27조부터 제29조까지"를 "제27조, 제27조의2, 제28조, 제28조의2, 제30조제1항 단서"로, "제38조제1호·제5호"를 "제38조제1호·제4호"로, "제68조제1항제5호·제6호"를 "제68조제1항제2호·제3호"로 한다.

제50조의6제2항 중 "금융기관"을 "은행"으로 한다.

〈81〉 한국수출입은행법 일부를 다음과 같이 개정한다.

제4조 중 "금융기관"을 "은행"으로 한다.

〈82〉 한국은행법 일부를 다음과 같이 개정한다.

제11조제1항 중 "은행법 제2조의 규정에 의한 금융기관"을 "「은행법」 제2조에 따른 은행"으로 한다

〈83〉 한국장학재단 설립 등에 관한 법률 일부를 다음과 같이 개정한다.

제2조제4호 중 "금융기관"을 "은행"으로 한다.

〈84〉 한국주택금융공사법 일부를 다음과 같이 개정한다.

제2조제11호나목 중 "금융기관"을 각각 "은행"으로, "외국금융기관"을 "외국은행"으로 한다.

〈85〉 법률 제10141호 할부거래에 관한 법률 전부개정법률 일부를 다음과 같이 개정한다.

제25조제3항제4호, 제27조제1항제2호 및 같은 조 제4항제2호 중 "금융기관"을 각각 "은행"으로 한다.

〈86〉 휴면예금관리재단의 설립 등에 관한 법률 일부를 다음과 같이 개정한다.

제2조제1호가목 중 "금융기관"을 "은행"으로 한다.

제10조(다른 법령과의 관계) 이 법 시행 당시 다른 법령에서 종전의

「은행법」의 규정을 인용한 경우에 이 법 중 그에 해당하는 규정이 있는 때에는 종전의 규정을 갈음하여 이 법의 해당 조항을 인용한 것으로 본다.

부칙 〈제10522호, 2011. 3. 31.〉 (농업협동조합법)
제1조(시행일) 이 법은 2012년 3월 2일부터 시행한다. 〈단서 생략〉
제2조 부터 제26조까지 생략
제27조(다른 법률의 개정) ①부터 ⑮까지 생략
⑯ 은행법 일부를 다음과 같이 개정한다.
제5조를 다음과 같이 한다.
제5조(수산업협동조합중앙회에 대한 특례) 수산업협동조합중앙회의 신용사업 부문은 이를 하나의 은행으로 본다.
⑰부터 ㉕까지 생략
제28조 생략

부칙 〈제10866호, 2011. 7. 21.〉 (고등교육법)
제1조(시행일) 이 법은 공포한 날부터 시행한다. 다만, …〈생략〉… 부칙 제3조는 공포 후 1년이 경과한 날부터 각각 시행한다.
제2조 생략
제3조(다른 법률의 개정) ①부터 ⑲까지 생략
⑳ 은행법 일부를 다음과 같이 개정한다.
제23조의3제4항제1호나목 중 "전임강사"를 "조교수"로 한다.
㉑부터 ㉗까지 생략
제4조 생략

부칙 〈제11051호, 2011. 9. 16.〉 (한국은행법)
제1조(시행일) 이 법은 공포 후 3개월이 경과한 날부터 시행한다.
제2조 생략
제3조(다른 법률의 개정) ① 은행법 일부를 다음과 같이 개정한다.
제30조제1항 본문 중 "예금채무"를 "「한국은행법」 제55조에 따른

지급준비금 적립대상 채무"로, "예금지급준비금"을 "지급준비금"으로, "예금지급준비자산"을 "지급준비자산"으로 하고, 같은 항 단서 중 "예금지급준비금"을 "지급준비금"으로, "예금지급준비자산"을 "지급준비자산"으로 한다.

② 생략

부칙 〈제12101호, 2013. 8. 13.〉

제1조(시행일) 이 법은 공포 후 6개월이 경과한 날부터 시행한다.

제2조(비금융주력자의 주식보유 제한 등에 관한 경과조치) 이 법 시행당시 종전의 규정에 따라 은행의 의결권 있는 발행주식을 보유하고 있던 비금융주력자는 제2조제1항제9호, 제15조의2, 제15조의3 및 제16조의2제1항의 개정규정에도 불구하고 종전의 규정에 따른다.

부칙 〈제13448호, 2015. 7. 24.〉 (자본시장과 금융투자업에 관한 법률)

제1조(시행일) 이 법은 공포 후 3개월이 경과한 날부터 시행한다. 〈단서 생략〉

제2조 부터 제18조까지 생략

제19조(다른 법률의 개정) ①부터 ⑧까지 생략

⑨ 은행법 일부를 다음과 같이 개정한다.

제2조제1항제9호라목1)부터 3)까지의 규정 외의 부분 및 같은 목 1)부터 3)까지 중 "사모투자전문회사"를 각각 "경영참여형 사모집합투자기구"로 하고, 같은 호 마목 중 "사모투자전문회사"를 "경영참여형 사모집합투자기구"로, "「자본시장과 금융투자업에 관한 법률」 제271조제1항제3호나목 또는 다목"을 "「자본시장과 금융투자업에 관한 법률」 제249조의13제1항제3호나목 또는 다목"으로 한다.

제15조제2항제4호 및 제5호 중 "사모투자전문회사"를 각각 "경영참여형 사모집합투자기구"로 한다.

제15조의3의 제목 중 "사모투자전문회사등"을 "경영참여형 사모집합투자기구등"으로 하고, 같은 조 제2항 각 호 외의 부분 중 "사

모투자전문회사 또는 투자목적회사(이하 "사모투자전문회사등"이라 한다)"를 "경영참여형 사모집합투자기구 또는 투자목적회사(이하 "경영참여형 사모집합투자기구등"이라 한다)"로 하며, 같은 항 제1호 각 목 외의 부분 중 "사모투자전문회사"를 "경영참여형 사모집합투자기구"로 하고, 같은 호 각 목 및 같은 항 제2호 중 "사모투자전문회사등"을 각각 "경영참여형 사모집합투자기구등"으로 한다.

제15조의3제3항 및 제6항 중 "사모투자전문회사등"을 각각 "경영참여형 사모집합투자기구등"으로 한다.

제15조의4의 제목 및 같은 조 중 "사모투자전문회사등"을 각각 "경영참여형 사모집합투자기구등"으로 한다.

제15조의5의 제목 및 같은 조 각 호 외의 부분 중 "사모투자전문회사등"을 각각 "경영참여형 사모집합투자기구등"으로 하고, 같은 조 제1호 중 "사모투자전문회사의"를 각각 "경영참여형 사모집합투자기구의"로, "사모투자전문회사등"을 "경영참여형 사모집합투자기구등"으로 하며, 같은 조 제2호 중 "제270조제1항제1호 또는 제2호"를 "제249조의12제1항제1호 또는 제2호"로 한다.

제35조의3제1항 단서 중 "사모투자전문회사"를 "경영참여형 사모집합투자기구"로 한다.

제53조의2의 제목, 같은 조 제1항ㆍ제2항, 같은 조 제3항 각 호 외의 부분, 같은 조 제4항 각 호 외의 부분, 같은 조 제5항 각 호 외의 부분 전단 및 같은 조 제6항 중 "사모투자전문회사등"을 각각 "경영참여형 사모집합투자기구등"으로 한다.

⑩부터 ⑳까지 생략

제20조 생략

부칙 〈제13453호, 2015. 7. 31.〉 (금융회사의 지배구조에 관한 법률)

제1조(시행일) 이 법은 공포 후 1년이 경과한 날부터 시행한다.

제2조 부터 제17조까지 생략

제18조(다른 법률의 개정) ①부터 ⑬까지 생략

⑭ 은행법 일부를 다음과 같이 개정한다.

제3조제1항 중 “이 법, 「한국은행법」, 「금융위원회의 설치 등에 관한 법률」”을 “이 법, 「한국은행법」, 「금융위원회의 설치 등에 관한 법률」, 「금융회사의 지배구조에 관한 법률」”로 한다.

제8조제2항제6호 중 “제18조”를 “「금융회사의 지배구조에 관한 법률」 제5조”로 한다.

제18조, 제20조, 제22조, 제23조, 제23조의2부터 제23조의5까지, 제24조 및 제25조를 각각 삭제한다.

제28조의2제2항 중 “내부통제기준”을 “「금융회사의 지배구조에 관한 법률」 제24조에 따른 내부통제기준(이하 "내부통제기준"이라 한다)”으로 한다.

제35조의4제1호 단서 중 “제23조의5제5항”을 “「금융회사의 지배구조에 관한 법률」 제33조제6항”으르 한다.

제47조제6호를 삭제한다.

제53조제1항 각 호 외의 부분 중 “인정되면”을 “인정되거나 「금융회사의 지배구조에 관한 법률」 별표 각 호의 어느 하나에 해당하는 경우(제2호에 해당하는 조치로 한정한다)에는”으로 하고, 같은 조 제2항에 제6호를 다음과 같이 신설한다.

6. 「금융회사의 지배구조에 관한 법률」 별표 각 호의 어느 하나에 해당하는 경우(영업의 전부정지를 명하는 경우로 한정한다)

제69조제2항제2호를 삭제한다.

⑮부터 ⑳까지 생략

부칙 〈제13613호, 2015. 12. 22.〉 (예금자보호법)

제1조(시행일) 이 법은 공포한 날부터 시행한다. 〈단서 생략〉

제2조 및 제3조 생략

제4조(다른 법률의 개정) ①부터 ⑧까지 생략

⑨ 은행법 일부를 다음과 같이 개정한다.

제15조제7항제2호 중 “부실금융기관”을 “부실금융회사”로 하고, 같은 항 제3호 중 “「예금자보호법」 제2조제5호의2에 따른 부실우려

금융기관”을 “「예금자보호법」 제2조제6호에 따른 부실우려금융회사”로 한다.

⑩ 및 ⑪ 생략

부칙 〈제14096호, 2016. 3. 22.〉 (주식·사채 등의 전자등록에 관한 법률)

제1조(시행일) 이 법은 공포 후 4년을 넘지 아니하는 범위에서 대통령령으로 정하는 날부터 시행한다.

제2조 부터 제9조까지 생략

제10조(다른 법률의 개정) ① 생략

② 은행법 일부를 다음과 같이 개정한다.

제5장에 제33조의5를 다음과 같이 신설한다.

제33조의5(사채등의 등록) ① 사채, 그 밖에 등록에 적합한 것으로서 대통령령으로 정하는 권리(이하 이 조에서 “사채등”이라 한다)의 소유자·질권자, 그 밖의 이해관계자는 해당 사채등을 발행하는 은행(이하 이 조에서 “발행은행”이라 한다)에 각각 그 권리를 등록할 수 있다.

② 등록한 사채등에 대해서는 증권(證券)이나 증서(證書)를 발행하지 아니하며, 발행은행은 이미 증권이나 증서가 발행된 사채등을 등록하는 경우에는 그 증권이나 증서를 회수하여야 한다.

③ 사채등의 소유자는 언제든지 발행은행에 사채등의 등록을 말소하고 사채등이 표시된 증권이나 증서의 발행을 청구할 수 있다. 다만, 사채등의 발행 조건에서 증권이나 증서를 발행하지 아니하기로 정한 경우에는 그러하지 아니하다.

④ 등록한 사채등을 이전하거나 담보권의 목적으로 하거나 신탁재산으로 위탁한 경우에는 그 사실을 등록하지 아니하면 발행은행이나 그 밖의 제3자에게 대항하지 못한다.

⑤ 등록한 사채등을 법령에 따라 담보로서 공탁(供託)하거나 임치(任置)하는 경우에는 그 사실을 등록함으로써 담보를 갈음할 수 있다.

⑥ 제1항부터 제5항까지에서 규정한 사항 외에 사채등의 등록 및 말소의 방법과 절차, 등록부의 작성·비치 및 관리 등에 필요한 사항은 대통령령으로 정한다.

③부터 ⑤까지 생략

제11조 생략

부칙 〈제14129호, 2016. 3. 29.〉

제1조(시행일) 이 법은 공포 후 4개월이 경과한 날부터 시행한다. 다만, 제52조의4 및 제69조제3항의 개정규정은 공포 후 3개월이 경과한 날부터 시행한다.

제2조(한도초과주식의 의결권 제한 등에 관한 적용례) 제16조제2항의 개정규정은 이 법 시행 전에 발행된 「자본시장과 금융투자업에 관한 법률」 제165조의11제1항에 따른 사채(부칙 제4조에 따라 은행주식 전환형 조건부자본증권으로 보는 사채를 말한다)가 이 법 시행 이후에 은행의 주식으로 전환되는 경우에도 적용한다.

제3조(자본금 감소의 신고에 관한 경과조치) 이 법 시행 전에 종전의 제10조제1항에 따라 신고한 경우에는 제10조제1항의 개정규정에 따라 승인을 받은 것으로 본다.

제4조(조건부자본증권에 관한 경과조치) 이 법 시행 전에 은행(「중소기업은행법」에 따른 중소기업은행, 「한국산업은행법」에 따른 한국산업은행 및 「농업협동조합법」에 따른 농협은행을 포함한다)이 발행한 「자본시장과 금융투자업에 관한 법률」 제165조의11제1항에 따른 사채는 이 법 제33조제1항제2호·제3호의 개정규정에 따른 상각형 조건부자본증권 또는 은행주식 전환형 조건부자본증권으로 본다.

제5조(금융사고 예방대책의 내부통제기준 반영에 관한 경과조치) 이 법 시행 당시 제34조의3제1항의 개정규정에 적합하지 아니한 내부통제기준은 이 법 시행일부터 3개월 이내에 같은 개정규정에 적합하도록 하여야 한다.

제6조(은행의 합병에 대한 금융위원회의 인가에 관한 경과조치) 이 법 시행 전에 은행이 합병(분할합병을 포함한다)을 하기 위하여 제

23조제1항제4호에 따라 이사회의 심의·의결을 거친 경우에는 제55조제1항제1호의 개정규정에도 불구하고 종전의 규정에 따른다.
제7조(벌칙에 관한 경과조치) 이 법 시행 전의 위반행위에 대하여 벌칙을 적용할 때에는 종전의 규정에 따른다.
제8조(다른 법률의 개정) ① 법률 제13453호 금융회사의 지배구조에 관한 법률 일부를 다음과 같이 개정한다.
부칙 제18조제14항 중 "제69조제2항제2호"를 "제69조제4항제2호"로 한다.
② 자본시장과 금융투자업에 관한 법률 일부를 다음과 같이 개정한다.
제4조제7항제3호 중 "주권상장법인"을 "주권상장법인(「은행법」 제33조제1항제2호 또는 제3호에 따라 해당 사채를 발행할 수 있는 자는 제외한다)"으로 한다.
제4조제7항에 제3호의2를 다음과 같이 신설한다.
3의2. 「은행법」 제33조제1항제2호부터 제4호까지의 규정에 따른 상각형 조건부자본증권, 은행주식 전환형 조건부자본증권 및 은행지주회사주식 전환형 조건부자본증권
제4조제7항제5호 중 "제1호부터 제4호까지의 규정"을 "제1호부터 제3호까지, 제3호의2 및 제4호"로 한다.
제165조의10제1항을 다음과 같이 한다.
① 주권상장법인(제1호의 경우 「은행법」 제33조제1항제3호에 따라 해당 사채를 발행할 수 있는 자는 제외한다)이 다음 각 호의 사채(이하 "주권 관련 사채권"이라 한다)를 발행하는 경우에는 제165조의6제1항·제2항·제4항 및 제165조의9를 준용한다.
1. 제165조의11제1항에 따른 사채(주식으로 전환되는 조건이 붙은 사채로 한정한다)
2. 「상법」 제469조제2항제2호, 제513조 및 제516조의2에 따른 사채
제165조의11제1항 중 "주권상장법인"을 "주권상장법인(「은행법」 제33조제1항제2호 또는 제3호에 따라 해당 사채를 발행할 수 있는

자는 제외한다)"으로 한다.

제165조의18 각 호 외의 부분 전단 중 "주권상장법인"을 "주권상장법인(제16호의 경우 「은행법」 제33조제1항제2호 또는 제3호에 따라 해당 사채를 발행할 수 있는 자는 제외한다)"으로 한다.

제314조제8항 중 "주권상장법인"을 "주권상장법인(「은행법」 제33조제1항제2호 또는 제3호에 따라 해당 사채를 발행할 수 있는 자는 제외한다)"으로 한다.

부칙 〈제14242호, 2016. 5. 29.〉 (수산업협동조합법)

제1조(시행일) 이 법은 2016년 12월 1일부터 시행한다. 〈단서 생략〉

제2조 부터 제20조까지 생략

제21조(다른 법률의 개정) ①부터 ⑯까지 생략

⑰ 은행법 일부를 다음과 같이 개정한다.

제5조를 삭제한다.

⑱부터 ㉗까지 생략

제22조 생략

부칙 〈제14826호, 2017. 4. 18.〉

제1조(시행일) 이 법은 공포 후 6개월이 경과한 날부터 시행한다. 다만, 제34조의3제1항·제2항, 제52조의2제1항제3호, 제69조제4항제2호의2·제2호의3 및 제6호의 개정규정은 공포한 날부터 시행한다.

제2조(퇴임한 임원 등에 대한 조치 내용의 통보에 관한 적용례) 제54조의2제1항 및 제2항의 개정규정은 이 법 시행 전에 퇴임한 임원 또는 퇴직한 직원에 대해서도 적용한다.

제3조(가산금 징수기간에 관한 적용례) 제65조의8제1항 후단의 개정규정은 이 법 시행 전의 납부기한 내에 과징금을 납부하지 아니한 경우에도 적용하되, 이 법 시행 당시 가산금 징수기간이 60개월을 초과한 경우에는 이 법 시행 이후의 기간에 대해서는 가산금을

징수하지 아니한다.
제4조(과징금에 관한 경과조치) 이 법 시행 전의 위반행위에 대하여 과징금을 부과하는 경우에는 제65조의3의 개정규정에도 불구하고 종전의 규정에 따른다.
제5조(과태료에 관한 경과조치) ① 제69조제4항 각 호 외의 부분, 같은 항 제1호·제3호·제4호의 개정규정 시행 전의 위반행위에 대하여 과태료를 적용할 때에는 같은 개정규정에도 불구하고 종전의 규정에 따른다.
② 제69조제4항제2호의2·제2호의3·제6호의 개정규정 시행 전의 위반행위에 대하여 과태료를 적용할 때에는 같은 개정규정에도 불구하고 종전의 규정에 따른다.

부칙 〈제15022호, 2017. 10. 31.〉 (주식회사 등의 외부감사에 관한 법률)
제1조(시행일) 이 법은 공포 후 1년이 경과한 날부터 시행한다.
제2조 부터 제13조까지 생략
제14조(다른 법률의 개정) ①부터 ㉕까지 생략
㉖ 은행법 일부를 다음과 같이 개정한다.
제48조제3항 중 "「주식회사의 외부감사에 관한 법률」"을 "「주식회사 등의 외부감사에 관한 법률」"로 한다.
㉗부터 ㊲까지 생략
제15조 생략

부칙 〈제15936호, 2018. 12. 11.〉
제1조(시행일) 이 법은 공포 후 6개월이 경과한 날부터 시행한다.
제2조(금리인하 요구에 관한 적용례) 제30조의2의 개정규정은 이 법 시행 후 최초로 신용공여 계약을 체결하는 경우부터 적용한다.

부칙 〈제16190호, 2018. 12. 31.〉
이 법은 공포 후 1년이 경과한 날부터 시행한다.

부칙 〈제16957호, 2020. 2. 4.〉 (신용정보의 이용 및 보호에 관한 법률)

제1조(시행일) 이 법은 공포 후 6개월이 경과한 날부터 시행한다. 〈단서 생략〉

제2조 부터 제11조까지 생략

제12조(다른 법률의 개정) ①부터 ⑰까지 생략

⑱ 은행법 일부를 다음과 같이 개정한다.

제30조의2제1항 중 "신용평가등급"을 "신용등급 또는 개인신용평점"으로 한다.

⑲부터 ㉙까지 생략

제13조 생략

부칙 〈제17112호, 2020. 3. 24.〉 (금융소비자 보호에 관한 법률)

제1조(시행일) 이 법은 공포 후 1년이 경과한 날부터 시행한다. 〈단서 생략〉

제2조 부터 제12조까지 생략

제13조(다른 법률의 개정) ①부터 ⑭까지 생략

⑮ 은행법 일부를 다음과 같이 개정한다.

제34조의2제1항제2호 중 "제52조의3제1항에 따른 은행상품"을 "예금, 대출 등 은행이 취급하는 상품"으로 한다.

제52조의2의 제목 "(불공정영업행위의 금지 등)"을 "(금융거래상 중요 정보 제공)"으로 하고, 같은 조 제1항을 삭제하며, 같은 조 제3항 중 "제1항 및 제2항"을 "제2항"으로 하고, 같은 조 제4항을 삭제한다.

제52조의3을 삭제한다.

제53조제1항 각 호 외의 부분 중 "경우(제2호에 해당하는 조치로 한정한다)에는"을 "경우(제2호에 해당하는 조치로 한정한다), 「금융소비자 보호에 관한 법률」 제51조제1항제4호, 제5호 또는 같은 조 제2항 각 호 외의 부분 본문 중 대통령령으로 정하는 경우에 해당

하는 경우(제2호에 해당하는 조치로 한정한다)에는"으로 하고, 같은 조 제2항에 제7호 및 제8호를 각각 다음과 같이 신설한다.

7. 「금융소비자 보호에 관한 법률」 제51조제1항제4호 또는 제5호에 해당하는 경우

8. 「금융소비자 보호에 관한 법률」 제51조제2항 각 호 외의 부분 본문 중 대통령령으로 정하는 경우(영업의 전부정지를 명하는 경우로 한정한다)

제68조제2항 및 제69조제1항제10호를 각각 삭제한다.

⑯부터 ⑲까지 생략

부칙 〈제17293호, 2020. 5. 19.〉

이 법은 공포 후 3개월이 경과한 날부터 시행한다.

부칙 〈제17799호, 2020. 12. 29.〉 (독점규제 및 공정거래에 관한 법률)

제1조(시행일) 이 법은 공포 후 1년이 경과한 날부터 시행한다. 〈단서 생략〉

제2조 부터 제24조까지 생략

제25조(다른 법률의 개정) ①부터 〈51〉까지 생략

〈52〉 은행법 일부를 다음과 같이 개정한다.

제16조의2제1항 중 "「독점규제 및 공정거래에 관한 법률」 제14조의2"를 "「독점규제 및 공정거래에 관한 법률」 제32조"로 한다.

〈53〉부터 〈82〉까지 생략

제26조 생략

부칙 〈제18126호, 2021. 4. 20.〉

이 법은 공포 후 3개월이 경과한 날부터 시행한다.

부칙 〈제18128호, 2021. 4. 20.〉 (자본시장과 금융투자업에 관한 법률)

제1조(시행일) 이 법은 공포 후 6개월이 경과한 날부터 시행한다.
제2조 부터 제9조까지 생략
제10조(다른 법률의 개정) ①부터 ⑤까지 생략
⑥ 은행법 일부를 다음과 같이 개정한다.

제2조제1항제9호라목1)부터 3)까지의 규정 외의 부분 및 같은 목 1)부터 3)까지 중 "경영참여형 사모집합투자기구"를 각각 "기관전용 사모집합투자기구"로 하고, 같은 호 마목 중 "경영참여형 사모집합투자기구"를 "기관전용 사모집합투자기구"로, "「자본시장과 금융투자업에 관한 법률」 제249조의13제1항제3호나목 또는 다목에 따라 투자목적회사"를 "「자본시장과 금융투자업에 관한 법률」에 따른 투자목적회사"로 한다.

제15조제2항제4호 및 제5호 중 "경영참여형 사모집합투자기구"를 각각 "기관전용 사모집합투자기구"로 한다.

제15조의3의 제목 중 "경영참여형 사모집합투자기구등"을 "기관전용 사모집합투자기구등"으로 하고, 같은 조 제2항 각 호 외의 부분 중 "경영참여형 사모집합투자기구 또는 투자목적회사(이하 "경영참여형 사모집합투자기구등"이라 한다)"를 "기관전용 사모집합투자기구 또는 투자목적회사(이하 "기관전용 사모집합투자기구등"이라 한다)"로 하며, 같은 항 제1호 각 목 외의 부분 중 "경영참여형 사모집합투자기구"를 "기관전용 사모집합투자기구"로 하고, 같은 호 가목·나목 및 같은 항 제2호 중 "경영참여형 사모집합투자기구등"을 각각 "기관전용 사모집합투자기구등"으로 한다.

제15조의3제3항 및 제6항 중 "경영참여형 사모집합투자기구등"을 각각 "기관전용 사모집합투자기구등"으로 한다.

제15조의4의 제목 및 같은 조 중 "경영참여형 사모집합투자기구등"을 각각 "기관전용 사모집합투자기구등"으로 한다.

제15조의5의 제목 및 같은 조 각 호 외의 부분 중 "경영참여형 사모집합투자기구등"을 각각 "기관전용 사모집합투자기구등"으로 하고, 같은 조 제1호 중 "경영참여형 사모집합투자기구의"를 각각 "기관전용 사모집합투자기구의"로, "경영참여형 사모집합투자기구등"을

"기관전용 사모집합투자기구등"으로 하며, 같은 조 제2호 중 "「자본시장과 금융투자업에 관한 법률」 제249조의12제1항제1호 또는 제2호"를 "「자본시장과 금융투자업에 관한 법률」 제249조의7제5항제1호 또는 제2호"로 한다.

제35조의3제1항 단서 중 "경영참여형 사모집합투자기구"를 "기관전용 사모집합투자기구"로 한다.

제53조의2의 제목, 같은 조 제1항·제2항, 같은 조 제3항 각 호 외의 부분, 같은 조 제4항 각 호 외의 부분, 같은 조 제5항 각 호 외의 부분 전단 및 같은 조 제6항 중 "경영참여형 사모집합투자기구등"을 각각 "기관전용 사모집합투자기구등"으로 한다.

⑦부터 ⑫까지 생략

부칙 〈제18573호, 2021. 12. 7.〉

이 법은 공포 후 6개월이 경과한 날부터 시행한다.

부칙 〈제19261호, 2023. 3. 21.〉

이 법은 공포 후 6개월이 경과한 날부터 시행한다.

부칙 〈제19700호, 2023. 9. 14.〉 (행정법제 혁신을 위한 공인회계사법 등 13개 법률의 일부개정에 관한 법률)

제1조(시행일) 이 법은 공포한 날부터 시행한다.

제2조 생략

은행법 시행령

[시행 2025. 10. 1.] [대통령령 제35311호, 2025. 10. 1., 타법개정]

제14조삭　제
제15조삭　제
제16조삭　제
제17조삭　제
제17조의2삭　제
제17조의3삭　제
제17조의4삭　제
제17조의5삭　제
제18조(부수업무의 범위 등)
제18조의2(겸영업무의 범위)
제18조의3(이해상충의 관리)
제18조의4(금리인하 요구)
제19조(금융채의 발행 등)
제19조의2(은행지주회사주식 전환형 조건부자본증권의 발행절차 등)
제19조의3(사채등의 범위)
제19조의4(사채등 등록의 신청)
제19조의5(등록증명서의 발급)
제19조의6(사채등 등록 말소의 신청)
제19조의7(등록의무자가 행방불명인 경우의 등록 말소)
제19조의8(등록부의 작성 · 비치 및 관리)
제19조의9(등록한 사채등에 관한 권리의 순위)
제19조의10(등록한 무기명 사채등의 공탁)
제20조(경영지도기준 등)
제20조의2(불건전 영업행위의 구체적인 유형 등)
제20조의3(금융사고 예방대책 등)
제20조의4(신용위험을 공유하는 자의 범위)
제20조의5(신용공여한도의 초과 사유)
제20조의6(신용공여한도 초과기간의 연장 사유)
제20조의7(은행의 대주주에 대한 신용공여한도 등)
제20조의8(대주주가 발행한 지분증권의 취득한도 등)
제20조의9(대주주의 부당한 영향력 행사의 금지)
제20조의10(대주주와의 거래제한 등)
제21조(자회사등에 대한 출자한도 등)
제21조의2(증권에 대한 투자한도 등)
제21조의3삭　제
제22조삭　제

**개정 예정 법률 밑줄 별도 표시.

은행법 시행령

[시행 2025. 10. 1.] [대통령령 제35811호, 2025. 10. 1., 타법개정]

제1조(목적) 이 영은 「은행법」에서 위임된 사항과 그 시행에 필요한 사항을 규정함을 목적으로 한다.

[전문개정 2010. 11. 15.]

제1조의2(자기자본의 범위) 「은행법」(이하 "법"이라 한다) 제2조제1항제5호에 따른 자기자본에 포함되는 기본자본과 보완자본은 다음 각 호의 기준에 따라 금융위원회가 정하여 고시하는 것으로 한다. 〈개정 2011. 12. 28.〉

1. 기본자본은 다음 각 목의 합계액으로 할 것

가. 보통주 발행으로 인한 자본금·자본잉여금, 이익잉여금 등 은행의 손실을 가장 먼저 보전(補塡)할 수 있는 것

나. 영구적 성격을 지닌 자본증권의 발행으로 인한 자본금·자본잉여금 등으로서 은행의 손실을 가목의 기본자본 다음의 순위로 보전할 수 있는 것

2. 보완자본은 제1호에 준하는 성격의 것으로서 제1호에 포함되지 않는 후순위채권 등 은행의 청산 시 은행의 손실을 보전할 수 있는 것으로 할 것

3. 해당 은행이 보유하고 있는 자기주식 등 실질적으로 자본충실에 기여하지 아니하는 것은 기본자본 및 보완자본에 포함시키지 아니할 것

[전문개정 2010. 11. 15.]

제1조의3(신용공여의 범위) ① 법 제2조제1항제7호에 따른 신용공

여의 범위는 다음 각 호의 것으로서 금융위원회가 정하여 고시하는 것으로 한다.

1. 대출

2. 지급보증

3. 지급보증에 따른 대지급금(代支給金)의 지급

4. 어음 및 채권의 매입

5. 그 밖에 거래 상대방의 지급불능 시 이로 인하여 은행에 손실을 끼칠 수 있는 거래

6. 은행이 직접적으로 제1호부터 제5호까지에 해당하는 거래를 한 것은 아니나 실질적으로 그에 해당하는 결과를 가져올 수 있는 거래

② 금융위원회는 다음 각 호의 어느 하나에 해당하는 거래에 대해서는 제1항에도 불구하고 이를 신용공여의 범위에 포함시키지 아니할 수 있다.

1. 은행에 손실을 끼칠 가능성이 대우 적은 것으로 판단되는 거래

2. 금융시장에 미치는 영향 등 해당 거래의 상황에 비추어 신용공여의 범위에 포함시키지 아니하는 것이 타당하다고 판단되는 거래

[전문개정 2010. 11. 15.]

제1조의4(특수관계인의 범위) ① 법 제2조제1항제8호에서 “대통령령으로 정하는 특수관계에 있는 자”란 본인과 다음 각 호의 어느 하나에 해당하는 관계에 있는 자(이하 “특수관계인”이라 한다)를 말한다. 〈개정 2021. 12. 28., 2022. 12. 27.〉

1. 배우자, 6촌 이내의 혈족 및 4촌 이내의 인척. 다만, 「독점규제 및 공정거래에 관한 법률 시행령」 제5조제1항제2호가목에 따른 독립경영자 및 같은 목에 따라 공정거래위원회가 동일인관련자의 범위로부터 분리를 인정하는 사람은 제외한다.

2. 본인 및 제1호 또는 제4호의 사람이 임원의 과반수를 차지하거나 이들이 제3호 또는 제5호의 자와 합하여 100분의 50 이상을 출연하였거나 이들 중의 1명이 설립자로 되어 있는 비영리법인·조합 또는 단체

3. 본인 및 제1호·제2호·제4호의 자가 의결권 있는 발행주식 총수(지분을 포함한다. 이하 같다)의 100분의 30 이상을 소유하고 있거나 이들이 최다수 주식소유자로서 경영에 참여하고 있는 회사

4. 본인, 제2호 또는 제3호의 자에게 고용된 사람(사용자가 법인·조합 또는 단체인 경우에는 임원을 말하고, 개인인 경우에는 상업사용인, 고용계약에 따라 고용된 사람 또는 그 개인의 금전이나 재산으로 생계를 유지하는 사람을 말한다)

5. 본인 및 제1호부터 제4호까지의 자가 의결권 있는 발행주식 총수의 100분의 30 이상을 소유하고 있거나 이들이 최다수 주식소유자로서 경영에 참여하고 있는 회사

6. 본인이 「독점규제 및 공정거래에 관한 법률」 제2조제11호에 따른 기업집단(이하 "기업집단"이라 한다)을 지배하는 자(이하 "계열주"라 한다)인 경우에 그가 지배하는 기업집단에 속하는 회사(계열주가 단독으로 또는 같은 법 시행령 제4조제1항제1호 각 목의 어느 하나 및 같은 항 제2호 각 목의 어느 하나에 해당하는 관계에 있는 자와 합하여 같은 항 제1호 및 제2호의 요건에 해당하는 외국법인을 포함한다. 이하 이 조에서 같다) 및 그 회사의 임원

7. 본인이 계열주와 제1호 또는 제2호에 따른 관계에 있는 자이거나 계열주가 지배하는 기업집단에 속하는 회사의 임원인 경우에 그 계열주가 지배하는 기업집단에 속하는 회사 및 그 회사의 임원

8. 본인이 기업집단에 속하는 회사인 경우에 그 회사와 같은 기업집단에 속하는 회사 및 그 회사의 임원

9. 본인 또는 제1호부터 제8호까지의 자와 합의 또는 계약 등으로 은행의 발행주식에 대한 의결권(의결권의 행사를 지시할 수 있는 권한을 포함한다)을 공동으로 행사하는 자

② 제1항에도 불구하고 다음 각 호의 어느 하나에 해당하는 자는 특수관계인의 범위에서 제외한다. 〈개정 2010. 12. 30., 2015. 10. 23., 2021. 2. 17., 2021. 10. 21.〉

1. 「사회기반시설에 대한 민간투자법」 제8조의2에 따라 주무관청의 지정을 받은 민간투자대상사업을 경영하는 회사. 다만, 「국가재

정법」 제5조에 따른 기금 또는 그 기금을 관리·운용하는 법인(법률에 따라 기금의 관리·운용을 위탁받은 법인을 포함하며, 이하 "기금등"이라 한다)이 포함된 동일인이 아닌 경우에는 「조세특례제한법」 제104조의31제1항에 해당하는 회사로 한정한다.

2. 은행 또는 「금융지주회사법」 제2조제1항제5호에 따른 은행지주회사(이하 "은행지주회사"라 한다)의 자회사등(같은 법 제4조제1항제2호에 따른 자회사등을 말한다. 이하 이 조에서 같다)인 금융기관(같은 법 제2조제1항제1호에 따른 금융기관을 말한다)이 「기업구조조정 촉진법」, 「채무자 회생 및 파산에 관한 법률」에 따른 기업구조조정이나 회생을 위하여 출자전환 등으로 다른 회사의 주식을 취득하는 경우(이에 준하는 경우를 포함한다) 그 다른 회사

3. 다음 각 목의 어느 하나에 해당하는 기관전용 사모집합투자기구 (「자본시장과 금융투자업에 관한 법률」에 따른 기관전용 사모집합투자기구를 말한다. 이하 "기관전용 사모집합투자기구"라 한다)가 투자한 기업의 가치를 높여 그 수익을 사원에게 배분하기 위한 목적으로 다른 회사의 주식을 취득한 경우 그 다른 회사

가. 법 제37조제2항 각 호 외의 부분 단서에 따른 은행의 자회사등인 기관전용 사모집합투자기구

나. 은행지주회사의 자회사등인 기관전용 사모집합투자기구

[전문개정 2010. 11. 15.]

제1조의5(금융업의 범위 등) ① 법 제2조제1항제9호가목에서 "대통령령으로 정하는 금융업"이란 다음 각 호의 어느 하나에 해당하는 업종 또는 업무를 말한다. 〈개정 2017. 10. 17., 2025. 10. 1.〉

1. 「통계법」 제22조제1항에 따라 국가데이터처장이 고시하는 한국표준산업분류에 따른 금융 및 보험업(「금융지주회사법」 제2조제1항제1호에 따른 금융지주회사가 아닌 지주회사는 제외한다. 이하 "금융업"이라 한다)

2. 다음 각 목의 어느 하나에 해당하는 업무

가. 금융업을 경영하는 회사에 대한 전산·정보처리 등 용역의 제공

나. 금융업을 경영하는 회사가 보유한 부동산이나 그 밖의 자산의 관리

다. 금융업과 관련된 조사·연구

라. 그 밖에 금융업을 경영하는 회사의 고유 업무와 직접 관련되는 업무

② 법 제2조제1항제9호나목에서 "대통령령으로 정하는 금액"이란 2조원을 말한다.

[전문개정 2010. 11. 15.]

제1조의6(사실상 영향력 행사 기준 및 경영 관여 기준) ① 법 제2조제1항제10호나목에 따라 은행의 주요 경영사항에 대하여 사실상 영향력을 행사하는 자는 다음 각 호의 어느 하나에 해당하는 자로 한다.

1. 단독으로 또는 다른 주주와의 합의·계약 등으로 은행장 또는 이사의 과반수를 선임한 주주

2. 경영전략, 조직변경 등 주요 의사결정이나 업무집행에 지배적인 영향력을 행사한다고 인정되는 자로서 금융위원회가 지정한 자

② 삭제 〈2014. 2. 11.〉

[전문개정 2010. 11. 15.]

제1조의7(은행업 인가의 세부요건) ① 법 제8조제2항제5호에 따른 사업계획(이하 이 조에서 "사업계획"이라 한다)은 다음 각 호의 요건을 모두 갖추어야 한다.

1. 추정재무제표와 수익 전망이 타당하고 실현 가능성이 있을 것

2. 법 제34조제2항에 따른 경영지도기준을 충족할 수 있을 것

3. 위험관리와 금융사고 예방 등을 위한 적절한 내부통제장치가 마련되어 있을 것

4. 은행이용자 보호를 위한 적절한 업무방법을 갖출 것

② 법 제8조제2항제7호에 따른 인력, 영업시설, 전산체계 및 그 밖의 물적 설비는 다음 각 호의 요건을 충족하여야 한다.

1. 은행업에 관한 전문성과 건전성을 갖춘 인력과 은행업을 경영하기 위한 전산요원 등 필요한 인력을 적절하게 갖출 것

2. 다음 각 목의 물적 설비를 갖출 것

가. 은행업을 경영하기 위하여 필요한 전산설비와 통신수단

나. 전산설비 등의 물적 설비를 안전하게 보호할 수 있는 보안설비

다. 정전, 화재 등의 사고가 발생할 경우 업무의 연속성을 유지하기 위하여 필요한 보완설비

③ 제1항 및 제2항에서 규정한 사항 외에 은행업 인가의 세부요건은 금융위원회가 정하여 고시한다.

④ 금융위원회는 법 제8조제4항에 따라 은행업을 인가할 때에 조건을 붙인 경우에는 그 이행 여부를 확인하여야 한다.

[전문개정 2010. 11. 15.]

제2조(자본금 감소의 승인) ① 법 제10조제1항에서 "주식 수 감소 등 대통령령으로 정하는 자본금의 감소에 해당하는 행위"란 은행이 주식 수를 줄이거나 주식의 금액을 낮추어 자본금을 실질적으로 감소시키는 것을 말한다.

② 법 제10조제1항에 따른 승인을 받으려는 자는 다음 각 호의 사항을 적은 승인신청서를 금융위원회에 제출하여야 한다. 〈개정 2016. 6. 28.〉

1. 자본금 감소의 목적
2. 자본금의 변동 내용
3. 자본금 감소 절차 및 일정 등에 관한 사항
4. 그 밖에 승인 신청에 필요한 사항으로서 금융위원회가 정하여 고시하는 사항

③ 제2항에 따른 승인신청서에는 다음 각 호의 서류를 첨부하여야 한다. 〈신설 2016. 6. 28.〉

1. 정관
2. 승인을 신청하는 사유에 관하여 이사회나 주주총회의 의결이 있는 경우에는 그 의사록
3. 승인을 신청하는 사유와 관련된 계약서가 있는 경우에는 그 사본
4. 그 밖에 승인 심사에 필요한 서류로서 금융위원회가 정하여

고시하는 서류

[전문개정 2010. 11. 15.]

[제목개정 2016. 6. 28.]

제3조(은행업 인가신청서의 내용 등) ① 법 제11조제1항에 따라 금융위원회에 제출하는 인가신청서에는 다음 각 호의 사항을 적어야 한다.

1. 상호
2. 본점과 지점 등 영업소의 소재지
3. 발기인(개인인 경우만 해당한다) 및 임원에 관한 사항
4. 자본금 등 재무에 관한 사항
5. 사업계획에 관한 사항
6. 인력, 영업시설, 전산체계 및 그 밖의 물적 설비에 관한 사항
7. 주주구성계획
8. 그 밖에 인가 요건의 심사에 필요한 사항으로서 금융위원회가 정하여 고시하는 사항

② 제1항에 따른 인가신청서에는 다음 각 호의 서류를 첨부하여야 한다. 〈개정 2014. 2. 11., 2016. 7. 28.〉

1. 정관
2. 본점과 지점, 그 밖의 영업소의 소재지와 명칭을 적은 서류
3. 발기인총회, 창립주주총회 또는 이사회의 의사록 등 설립이나 인가 신청의 의사결정을 증명하는 서류
4. 발기인(개인인 경우만 해당한다) 및 임원이 「금융회사의 지배구조에 관한 법률」 제5조제1항 각 호의 어느 하나에 해당하지 아니함을 증명하는 서류
5. 최근 3개 사업연도의 재무제표와 그 부속명세서(설립 중인 법인은 제외하며, 설립일부터 3개 사업연도가 지나지 아니한 법인의 경우에는 설립일부터 최근 사업연도까지의 재무제표와 그 부속명세서를 말한다)
6. 업무 개시 후 3개 사업연도의 사업계획서(추정재무제표를 포함한다) 및 예상수지계산서

7. 인력, 영업시설, 전산체계 및 그 밖의 물적 설비 등의 현황을 확인할 수 있는 서류

8. 주주구성계획이 법 제15조, 제15조의3 및 제16조의2에 적합함을 증명하는 서류

9. 법 제11조의2에 따른 예비인가(이하 “예비인가”라 한다)에 조건을 붙인 경우에는 조건의 이행을 증명하는 서류

10. 그 밖에 인가요건의 심사에 필요한 서류로서 금융위원회가 정하여 고시하는 서류

③ 예비인가를 신청한 자로서 은행업 인가를 받으려는 자는 예비인가를 신청할 때 제출한 예비인가 신청서 및 첨부서류의 내용이 변경되지 아니한 경우에는 그 부분을 구체적으로 제시하여 이를 참조하는 뜻을 적는 방법으로 제1항에 따른 인가신청서의 기재사항 중 일부를 적지 아니하거나 제2항에 따른 첨부서류 중 일부의 제출을 생략할 수 있다.

④ 제1항부터 제3항까지에서 규정한 사항 외에 은행업 인가 신청과 심사에 필요한 사항은 금융위원회가 정하여 고시한다.

[본조신설 2010. 11. 15.]

제3조의2(예비인가) ① 법 제11조의2제1항에 따라 예비인가를 신청하려는 자는 다음 각 호의 사항을 적은 예비인가 신청서를 금융위원회에 제출하여야 한다.

1. 상호
2. 본점과 지점 등 영업소의 소재지
3. 발기인(개인인 경우만 해당한다) 및 임원에 관한 사항
4. 자본금 등 재무에 관한 사항
5. 사업계획에 관한 사항
6. 인력, 영업시설, 전산체계 및 그 밖의 물적 설비에 관한 사항
7. 주주구성계획
8. 그 밖에 예비인가 요건의 심사에 필요한 사항으로서 금융위원회가 정하여 고시하는 사항

② 제1항에 따른 예비인가 신청서에는 다음 각 호의 서류를 첨부

하여야 한다. 〈개정 2014. 2. 11., 2016. 7. 28.〉

1. 정관이나 정관안

2. 본점과 지점, 그 밖의 영업소의 소재지와 명칭을 적은 서류

3. 발기인총회, 창립주주총회 또는 이사회의 의사록 등 설립이나 인가 신청의 의사결정을 증명하는 서류

4. 발기인(개인인 경우만 해당한다) 및 임원이 「금융회사의 지배구조에 관한 법률」 제5조제1항 각 호의 어느 하나에 해당하지 아니함을 증명하는 서류

5. 최근 3개 사업연도의 재무제표와 그 부속명세서(설립 중인 법인은 제외하며, 설립일부터 3개 사업연도가 지나지 아니한 법인의 경우에는 설립일부터 최근 사업연도까지의 재무제표와 그 부속명세서를 말한다)

6. 업무 개시 후 3개 사업연도의 사업계획서(추정재무제표를 포함한다) 및 예상수지계산서

7. 인력, 영업시설, 전산체계 및 그 밖의 물적 설비 등(채용, 구매 등이 예정된 인력 및 물적 설비 등을 포함한다)의 현황을 확인할 수 있는 서류

8. 주주구성계획이 법 제15조, 제15조의3 및 제16조의2에 적합함을 증명하는 서류

9. 그 밖에 예비인가 요건의 심사에 필요한 서류로서 금융위원회가 정하여 고시하는 서류

[본조신설 2010. 11. 15.]

제3조의3(국외현지법인 등의 신설계획 사전 신고 대상) 법 제13조제2항 각 호 외의 부분에서 "대통령령으로 정하는 경우"란 해당 은행의 개별 국외현지법인(법 제13조제1항에 따른 국외현지법인을 말한다. 이하 같다) 또는 국외지점(법 제13조제1항에 따른 국외지점을 말한다. 이하 같다)에 대한 투자액이 은행 자기자본의 100분의 1을 초과하는 경우로서 다음 각 호의 어느 하나에 해당하는 경우를 말한다. 〈개정 2014. 2. 11., 2018. 5. 29.〉

1. 해당 은행이 다음 각 목의 어느 하나에 해당하는 경우

가. 해당 은행의 전 분기 말 현재 국제결제은행의 기준에 따른 위험가중자산에 대한 자기자본비율이 금융위원회가 정하여 고시하는 기준 이하인 경우

나. 해당 은행에 대한 경영건전성을 평가한 결과가 금융위원회가 정하여 고시하는 기준 이하인 경우

2. 해당 은행이 금융위원회가 해당 은행의 자기자본 등을 고려하여 고시하는 규모를 초과하는 법인으로서 다음 각 목의 어느 하나에 해당하는 법인에 대하여 출자 또는 인수·합병의 방법으로 국외현지법인을 설립하려는 경우

가. 금융위원회가 정하여 고시하는 투자적격 이하인 법인

나. 해당 법인의 경영건전성을 평가한 결과가 금융위원회가 정하여 고시하는 기준에 미치지 못하는 법인

3. 국외현지법인 또는 국외지점이 다음 각 목의 구분에 따른 업무 외의 업무를 수행할 예정인 경우

가. 국외현지법인의 경우

1) 법 제27조에 따른 은행업무(이하 "은행업무"라 한다)

2) 법 제27조의2에 따른 부수업무(이하 "부수업무"라 한다)

3) 법 제28조에 따른 겸영업무(이하 "겸영업무"라 한다)

나. 국외지점의 경우: 해당 은행이 국외지점을 설립하려는 때에 수행하고 있는 업무

4. 국외현지법인 또는 국외지점이 있는 국가가 다음 각 목의 어느 하나에 해당하는 국가인 경우

가. 금융위원회가 정하여 고시하는 투자적격 이하인 국가

나. 대한민국과 수교하지 아니한 국가

5. 그 밖에 금융위원회가 정하여 고시하는 경우

[본조신설 2010. 11. 15.]

제3조의4(상호의 제한) 법 제14조에서 "대통령령으로 정하는 문자"란 bank 또는 banking(그 한글표기문자를 포함한다)이나 그와 같은 의미를 가지는 다른 외국어문자(그 한글표기문자를 포함한다)를 말한다.

[본조신설 2010. 11. 15.]

제4조(자료 제출 요구 등) ① 은행은 동일인이 보유하는 주식의 범위를 확정하기 위하여 관련 주주에게 필요한 자료의 제출을 요구할 수 있다.

② 은행은 제1항에 따라 자료 제출을 요구받은 관련 주주가 자료 제출을 요구받은 날부터 10일 이내에 자료를 제출하지 아니하거나 거짓 자료를 제출한 경우에는 은행이 알고 있거나 얻을 수 있는 자료를 근거로 동일인이 보유하는 주식의 범위를 확정한다.

③ 은행은 제1항 및 제2항에 따라 동일인이 보유하는 주식의 범위를 확정하였을 때에는 관련 주주에게 이를 통지하여야 하며, 「금융위원회의 설치 등에 관한 법률」에 따라 설립된 금융감독원의 원장(이하 "금융감독원장"이라 한다)이 정하는 바에 따라 동일인의 해당 은행 주식보유현황을 금융감독원장에게 보고하여야 한다.

④ 금융감독원장은 은행이 확정한 동일인이 보유하는 주식의 범위에 오류가 있다고 인정되는 경우에는 관련 주주에게 직접 필요한 자료의 제출을 요구할 수 있다.

[전문개정 2010. 11. 15.]

제4조의2(주식보유상황 등의 보고) ① 법 제15조제2항 각 호 외의 부분에서 "대통령령으로 정하는 자"란 다음 각 호의 어느 하나에 해당하는 자를 말한다. 〈개정 2014. 12. 30.〉

1. 정부

2. 「예금자보호법」에 따른 예금보험공사

3. 「한국산업은행법」에 따른 한국산업은행(「금융산업의 구조개선에 관한 법률」에 따라 설치된 금융안정기금의 부담으로 주식을 취득하는 경우로 한정한다)

② 법 제15조제2항 각 호 외의 부분에서 "대통령령으로 정하는 사항"이란 다음 각 호의 사항을 말한다. 〈개정 2014. 2. 11., 2015. 10. 23., 2021. 10. 21.〉

1. 동일인에 관한 사항

2. 기관전용 사모집합투자기구등(법 제15조의3제2항에 따른 기관

전용 사모집합투자기구등을 말한다. 이하 같다)의 경우 다음 각 목에 관한 사항

가. 주주 또는 사원

나. 기관전용 사모집합투자기구의 유한책임사원ㆍ무한책임사원의 출자액

3. 주식보유 또는 변동의 현황 및 사유에 관한 사항

4. 주식보유의 목적 및 은행에 대한 경영 관여 여부에 관한 사항

5. 그 밖에 주식보유상황 또는 주식보유비율의 변동상황을 확인하기 위하여 필요한 세부사항으로서 금융위원회가 정하여 고시하는 사항

③ 동일인은 법 제15조제2항에 따라 같은 항 각 호에 따른 보고사유에 해당하게 된 날(은행의 주식을 취득하거나 매각하지 않았음에도 보고 사유에 해당하게 된 경우에는 그 사유에 해당하게 된 사실을 안 날을 말한다. 이하 제4항에서 같다)부터 10영업일 이내에 제2항 각 호의 사항을 금융위원회에 보고해야 한다. 이 경우 본인과 특수관계인이 함께 보고하는 경우에는 보유주식의 수가 가장 많은 자를 대표자로 선정하여 연명(連名)으로 보고할 수 있다. 〈개정 2016. 6. 28., 2022. 5. 9.〉

④ 제3항에도 불구하고 기금등, 그 밖에 금융위원회가 정하여 고시하는 자는 그 보고 사유에 해당하게 된 날이 속하는 분기의 다음 달 10일까지 보고할 수 있다.

⑤ 제1항부터 제4항까지에서 규정한 사항 외에 주식보유상황 등의 보고에 필요한 사항은 금융위원회가 정하여 고시한다.

[전문개정 2010. 11. 15.]

제4조의3(주식보유 승인의 처리기간) 법 제15조제4항에서 "대통령령으로 정하는 기간"이란 승인신청을 받은 날부터 60일을 말한다. 다만, 승인신청서의 흠을 보완하는 기간 등 금융위원회가 정하여 고시하는 기간은 처리기간에 산입하지 아니한다.

[전문개정 2010. 11. 15.]

제5조(한도초과보유주주의 초과보유 요건) 법 제15조제5항에 따라 은행의 주식을 보유하려는 자는 별표 1의 요건을 충족하여야 한다.

[전문개정 2010. 11. 15.]

제6조 삭제 〈2002. 8. 21.〉

제7조 삭제 〈2002. 8. 21.〉

제8조(주식보유 승인의 방법 및 절차) ① 금융위원회는 법 제15조제3항에 따른 승인을 할 때 신청인의 자격 요건, 은행의 소유지분 분포 등에 비추어 보아 필요하다고 인정하면 주식취득의 시기 및 방법 등을 제한할 수 있다.

② 법 제15조제3항에 따른 승인을 받으려는 자는 다음 각 호의 사항을 적은 승인신청서를 금융위원회에 제출하여야 한다.

1. 신청인에 관한 사항
2. 은행이 발행한 주식의 보유 현황
3. 은행이 발행한 주식의 취득 계획

③ 제2항에 따른 승인신청서에는 다음 각 호의 서류를 첨부하여야 한다. 〈개정 2018. 10. 30.〉

1. 정관(법인인 경우만 해당한다)
2. 외국기업의 경우에는 법인 등기사항증명서에 준하는 서류
3. 최근 사업연도 말 현재 재무제표 및 최근 사업연도 말 이후 반기재무제표(법인인 경우만 해당한다)
4. 제3호에 따른 재무제표에 대한 회계감사인(「주식회사 등의 외부감사에 관한 법률」 제2조제7호에 따른 감사인을 말한다. 이하 같다)의 감사보고서 및 검토보고서
5. 승인을 받으려는 자가 「금융위원회의 설치 등에 관한 법률」 제38조에 따라 금융감독원으로부터 검사를 받는 기관인 경우에는 그 기관에 적용되는 재무건전성 기준에 따라 산출한 재무상태 및 이에 대한 회계감사인의 검토보고서
6. 그 밖에 승인 요건의 심사에 필요한 서류로서 금융위원회가 정하여 고시하는 서류

④ 제2항에 따른 승인신청서를 받은 금융위원회는 「전자정부법」 제36조제1항에 따른 행정정보의 공동이용을 통하여 다음 각 호의 행정정보를 확인하여야 한다. 다만, 신청인이 제2호의 주민등록표

등본의 확인에 동의하지 아니하는 경우에는 그 서류를 첨부하게 하여야 한다.

1. 법인 등기사항증명서(국내 법인인 경우만 해당한다)
2. 주민등록표 등본(사업자등록증으로 갈음할 수 있다)
3. 주식을 취득하려는 은행의 법인 등기사항증명서

⑤ 제2항부터 제4항까지에서 규정한 사항 외에 은행 주식의 보유에 대한 승인신청서의 서식, 승인신청의 방법 및 절차 등에 관하여 필요한 세부사항은 금융위원회가 정하여 고시한다.

[전문개정 2010. 11. 15.]

제9조 삭제 〈2014. 2. 11.〉

제10조(기관전용 사모집합투자기구등의 주식보유에 대한 승인 등) ① 삭제 〈2014. 2. 11.〉

② 법 제15조의3제2항에 따른 승인을 받으려는 기관전용 사모집합투자기구등은 그 기관전용 사모집합투자기구의 업무집행사원 또는 그 업무집행사원의 임원(「상법」 제401조의2제1항제3호에 해당하는 자를 포함한다. 이하 이 항에서 같다)이 다음 각 호의 기준을 모두 충족하여야 한다. 〈개정 2014. 2. 11., 2015. 10. 23., 2016. 7. 28., 2021. 10. 21.〉

1. 업무집행사원이 법인이며, 해당 법인 설립 후 3년이 지났을 것
2. 업무집행사원의 임원은 「금융회사의 지배구조에 관한 법률」 제5조제1항 각 호의 어느 하나에 해당하지 아니할 것
3. 다음 각 목의 기준을 충족할 것. 다만, 금융위원회가 그 위반 등의 정도가 경미하다고 인정하는 경우는 제외한다.

가. 최근 5년간 「금융회사의 지배구조에 관한 법률 시행령」 제5조에 따른 법령(이하 "금융관련법령"이라 한다), 「독점규제 및 공정거래에 관한 법률」 또는 「조세범 처벌법」을 위반하여 벌금형 이상에 해당하는 형사처벌을 받은 사실이 없을 것

나. 최근 5년간 「금융산업의 구조개선에 관한 법률」에 따라 부실금융기관으로 지정되었거나 금융관련법령에 따라 영업의 허가·인가 등이 취소된 기관의 최대주주, 의결권 있는 발행주식 총수의

100분의 10을 초과하여 보유한 주주 또는 그 특수관계인이 아닐 것. 다만, 법원의 판결에 의하여 부실책임이 없다고 인정된 자 또는 부실에 따른 경제적 책임을 부담하는 등 금융위원회가 정하여 고시하는 기준에 해당하는 자는 제외한다.

4. 자신이 업무집행사원으로 있거나 있었던 기관전용 사모집합투자기구등이 다음 각 목의 어느 하나에 해당할 것

가. 1개의 기관전용 사모집합투자기구등에 출자된 가액(해당 업무집행사원이 출자한 가액은 제외한다)이 5천억원 이상으로서 금융위원회가 정하여 고시하는 금액 이상인 경우

나. 1개의 기관전용 사모집합투자기구등에 대하여 그 자산 운용대상을 미리 정하지 아니하고 주주 또는 사원이 기관전용 사모집합투자기구등에 출자하여 2개 이상의 투자대상기업에 실제 투자된 가액(해당 업무집행사원이 출자한 가액 중 투자된 가액은 제외한다)이 3천억원 이상으로서 금융위원회가 정하여 고시하는 금액 이상인 경우

5. 그 밖에 자산운용 능력·경험 및 사회적 신용 등에 관하여 필요한 세부사항으로서 금융위원회가 정하여 고시하는 기준

③ 법 제15조의3제3항에서 "기관전용 사모집합투자기구등의 정관, 그 밖에 그 주주 또는 사원 사이에 체결된 계약내용 등 대통령령으로 정하는 정보 또는 자료"란 다음 각 호의 정보 또는 자료를 말한다. 〈개정 2015. 10. 23., 2021. 10. 21.〉

1. 기관전용 사모집합투자기구등의 정관

2. 기관전용 사모집합투자기구등의 주주 또는 사원 사이에 체결된 계약내용

3. 기관전용 사모집합투자기구등의 주주 및 사원 내역

4. 기관전용 사모집합투자기구등의 주주 및 사원의 특수관계인의 내역

5. 그 밖에 법 제15조의3제2항의 승인 요건에 해당하는지를 확인하기 위하여 필요한 것으로서 금융위원회가 정하여 고시하는 정보 또는 자료

④ 법 제15조의3제4항에서 "대통령령으로 정하는 기간"이란 승인

신청을 받은 날부터 30일을 말한다. 다만, 승인신청서의 흠을 보완하는 기간 등 금융위원회가 정하여 고시하는 기간은 처리기간에 산입하지 아니한다.

⑤ 기관전용 사모집합투자기구등의 은행 주식보유 승인에 관하여는 제8조제2항부터 제5항까지의 규정을 준용한다. 〈개정 2015. 10. 23., 2021. 10. 21.〉

[전문개정 2010. 11. 15.]

[제목개정 2021. 10. 21.]

제10조의2(한도초과주식의 의결권 제한 등) ① 법 제16조제2항제1호가목 및 같은 항 제2호가목에서 "대통령령으로 정하는 기간"이란 각각 법 제33조제1항제3호에 따른 은행주식 전환형 조건부자본증권(이하 "은행주식 전환형 조건부자본증권"이라 한다)에 대하여 발행 당시 객관적이고 합리적인 기준에 다라 미리 정하는 사유(이하 "예정사유"라 한다)가 발생한 날부터 5영업일을 말한다.

② 법 제16조제2항제1호나목 본문 및 같은 항 제2호나목 본문에서 "대통령령으로 정하는 기간"이란 각각 은행주식 전환형 조건부자본증권의 예정사유가 발생한 날부터 6개월을 말한다.

[본조신설 2016. 6. 28.]

제11조(비금융주력자로 간주되는 기간 등) ① 법 제16조의2제1항에서 "대통령령으로 정하는 기간"이란 3개월을 말한다.

② 법 제16조의2제2항에서 "재무건전성 등 대통령령으로 정하는 요건"이란 별표 2에 따른 요건을 말한다. 〈개정 2014. 2. 11.〉

[전문개정 2010. 11. 15.]

제11조의2(전환계획의 승인 요건 등) ① 법 제16조의2제3항제1호에 따른 전환계획(이하 이 조에서 "전환계획"이라 한다)은 다음 각 호의 요건을 갖추어야 한다.

1. 시장상황에 대한 전망 등 전환계획의 전제가 된 가정이 합리적일 것

2. 처분 대상인 비금융회사의 발행주식 규모, 자산 규모 등에 비추어 전환계획이 제시된 이행기간 내에 실현될 수 있을 것

3. 분기별 이행계획이 포함되어 있을 것

② 법 제16조의3제2항에 따라 금융위원회는 전환계획 이행 상황을 분기별로 점검하여야 한다.

③ 금융위원회는 제1항 각 호의 요건에 관한 구체적인 기준 및 제2항에 따른 점검방법 등 전환계획 이행 상황의 점검을 위하여 필요한 사항을 정하여 고시할 수 있다.

[전문개정 2010. 11. 15.]

제11조의3(기금등의 이해상충 방지 요건 등) ① 법 제16조의2제3항제3호가목에서 "대통령령으로 정하는 체계"란 다음 각 호의 요건을 모두 갖춘 체계를 말한다.

1. 이해상충을 방지할 수 있는 의결권 행사기준을 마련할 것. 이 경우 해당 기준에는 의결권 행사기준에 마련되어 있지 아니한 사안에 대하여 의결권을 행사하는 경우로서 기금등이 보유한 은행의 주식 수가 법 제16조의2제1항에서 정한 한도에 해당하는 주식 수를 초과하는 경우에는 기금등이 보유한 주식을 발행한 은행의 주주총회에 참석한 주주가 보유한 주식 수에서 기금등이 보유한 주식 수 중 법 제16조의2제1항에서 정한 한도를 초과하는 주식 수를 뺀 주식 수의 결의 내용에 영향을 미치지 아니하도록 의결권을 행사한다는 내용이 포함되어야 한다.

2. 주식을 보유한 은행의 주주로서 취득한 정보는 주주권 행사 목적 외로 활용되지 아니하도록 관리하는 등 이해상충이 발생할 가능성을 파악·평가·관리할 수 있는 내부통제기준을 갖출 것

3. 그 밖에 이해상충을 방지하기 위하여 필요한 사항으로 금융위원회가 정하여 고시하는 사항

② 법 제16조의2제3항제3호다목에서 "대통령령으로 정하는 요건"이란 기금등이 「국가재정법」 제79조에 따라 정한 자산운용지침을 준수하는 것을 말한다.

[전문개정 2010. 11. 15.]

제11조의4(한도초과보유주주등에 대한 적격성심사 절차 등) ① 금융위원회는 법 제16조의4제1항에 따라 한도초과보유주주등이 초과보

유요건등을 충족하는지를 반기(半期)마다 정기적으로 심사하여야 한다. 다만, 한도초과보유주주등과 은행과의 불법거래 징후가 있는 경우 등 특별히 필요하다고 인정할 때에는 수시심사를 할 수 있다.

② 제1항에 따른 한도초과보유주주등에 대한 적격성심사의 절차·방법 등에 관하여 필요한 세부사항은 금융위원회가 정하여 고시한다.

[전문개정 2010. 11. 15.]

제12조 삭제 〈2016. 7. 28.〉

제13조 삭제 〈2016. 7. 28.〉

제13조의2 삭제 〈2002. 8. 21.〉

제14조 삭제 〈1999. 5. 12.〉

제15조 삭제 〈2016. 7. 28.〉

제16조 삭제 〈2016. 7. 28.〉

제17조 삭제 〈2016. 7. 28.〉

제17조의2 삭제 〈2016. 7. 28.〉

제17조의3 삭제 〈2016. 7. 28.〉

제17조의4 삭제 〈2016. 7. 28.〉

제17조의5 삭제 〈2016. 7. 28.〉

제18조(부수업무의 범위 등) ① 법 제27조의2제2항제11호에서 "대통령령으로 정하는 업무"란 다음 각 호의 업무를 말한다. 〈개정 2014. 2. 11., 2016. 6. 28.〉

1. 부동산의 임대. 다만, 제21조의2제4항에 따른 업무용 부동산이 아닌 경우에는 법 제39조에 따라 처분하여야 하는 날까지의 임대로 한정한다.

2. 수입인지, 복권, 상품권 또는 입장권 등의 판매 대행

3. 은행의 인터넷 홈페이지, 서적 간행물 및 전산 설비 등 물적 설비를 활용한 광고 대행

4. 그 밖에 법 제27조의2제4항 각 호의 어느 하나에 해당할 우려가 없는 업무로서 금융위원회가 정하여 고시하는 업무

② 법 제27조의2제3항에서 "업무계획 및 예상손익에 관한 서류 등 대통령령으로 정하는 서류"란 다음 각 호의 서류를 말한다.

1. 업무계획서

2. 손익예상서

3. 정관

4. 부수업무 운영을 결의한 이사회 의사록 사본

5. 그 밖에 부수업무 운영과 관련된 서류로서 금융위원회가 정하여 고시하는 서류

③ 금융위원회는 은행이 법 제27조의2제2항 각 호 외의 부분 본문에 따라 부수업무를 신고한 경우에는 신고일부터 7일 이내에 다음 각 호의 사항을 인터넷 홈페이지 등에 공고하여야 한다.

1. 은행의 명칭

2. 부수업무의 신고일

3. 부수업무의 개시 예정일

4. 부수업무의 내용

④ 금융위원회는 법 제27조의2제4항에 따라 제한 또는 시정명령을 한 경우에는 그 내용과 사유를 인터넷 홈페이지 등에 공고하여야 한다.

[전문개정 2010. 11. 15.]

제18조의2(겸영업무의 범위) ① 법 제28조제1항제1호에서 “대통령령으로 정하는 금융 관련 법령”이란 금융관련법령을 말한다. 〈개정 2016. 7. 28.〉

② 법 제28조제1항제1호에서 “대통령령으로 정하는 금융업무”란 다음 각 호의 업무를 말한다. 〈개정 2013. 9. 9., 2016. 6. 28., 2020. 8. 4.〉

1. 「자본시장과 금융투자업에 관한 법률」 제3조제2항제2호에 따른 파생상품의 매매·중개 업무

2. 「자본시장과 금융투자업에 관한 법률」 제4조제2항제5호에 따른 파생결합증권(금융위원회가 정하여 고시하는 파생결합증권으로 한정한다)의 매매업무

3. 「자본시장과 금융투자업에 관한 법률」 제4조제3항에 따른 국채증권, 지방채증권 및 특수채증권의 인수·매출 업무

4. 「자본시장과 금융투자업에 관한 법률」 제4조제3항에 따른 국채증권, 지방채증권, 특수채증권 및 사채권의 매매업무

5. 「자본시장과 금융투자업에 관한 법률」 제4조제3항에 따른 국채증권, 지방채증권 및 특수채증권의 모집·매출 주선업무

6. 「자본시장과 금융투자업에 관한 법률」 제6조제4항에 따른 집합투자업(같은 법 제9조제18항제1호에 따른 투자신탁을 통한 경우로 한정하며, 이하 제18조의3에서 "집합투자업"이라 한다)

7. 「자본시장과 금융투자업에 관한 법률」 제6조제6항에 따른 투자자문업(이하 제18조의3에서 "투자자문업"이라 한다)

8. 「자본시장과 금융투자업에 관한 법률」 제6조제8항에 따른 신탁업(이하 제18조의3에서 "신탁업"이라 한다)

9. 「자본시장과 금융투자업에 관한 법률」 제9조제21항에 따른 집합투자증권에 대한 투자매매업(이하 제18조의3에서 "집합투자증권에 대한 투자매매업"이라 한다)

10. 「자본시장과 금융투자업에 관한 법률」 제9조제21항에 따른 집합투자증권에 대한 투자중개업(이하 제18조의3에서 "집합투자증권에 대한 투자중개업"이라 한다)

11. 「자본시장과 금융투자업에 관한 법률」 제254조에 따른 일반사무관리회사의 업무(이하 제18조의3에서 "일반사무관리회사의 업무"라 한다)

12. 「자본시장과 금융투자업에 관한 법률」 제365조에 따른 명의개서대행회사의 업무

13. 「자본시장과 금융투자업에 관한 법률 시행령」 제81조제1항제1호에 따른 환매조건부매도 및 같은 영 제85조제3호나목에 따른 환매조건부매수의 업무(이하 제18조의3에서 "환매조건부매매의 업무"라 한다)

14. 「보험업법」 제91조에 따른 보험대리점의 업무

15. 「근로자퇴직급여 보장법」 제2조제13호에 따른 퇴직연금사업자의 업무(이하 제18조의3에서 "퇴직연금사업자의 업무"라 한다)

16. 「여신전문금융업법」 제2조제2호에 따른 신용카드업

17. 「담보부사채신탁법」 제5조에 따른 담보부사채에 관한 신탁업(이하 제18조의3에서 "담보부사채에 관한 신탁업"이라 한다)

18. 「자본시장과 금융투자업에 관한 법률 시행령」 제98조제2항에 따른 자산구성형 개인종합자산관리계약에 관한 「자본시장과 금융투자업에 관한 법률」 제6조제7항에 따른 투자일임업

19. 「신용정보의 이용 및 보호에 관한 법률」에 따른 본인신용정보관리업

20. 그 밖에 금융관련법령에 따라 인가·허가 및 등록 등을 받은 금융업무

③ 법 제28조제1항제2호에서 "대통령령으로 정하는 법령"이란 금융관련법령을 말한다. 〈개정 2016. 7. 28.〉

④ 법 제28조제1항제3호에서 "대통령령으로 정하는 금융업무"란 다음 각 호의 업무를 말한다. 〈개정 2014. 2. 11., 2014. 12. 9., 2016. 6. 28.〉

1. 「자산유동화에 관한 법률」 제2조제5호에 따른 유동화전문회사의 유동화자산 관리의 수탁업무 및 채권추심 업무의 수탁업무

2. 삭제 〈2023. 5. 16.〉

3. 기업의 인수 및 합병의 중개·주선 또는 대리 업무

4. 기업의 경영, 구조조정 및 금융 관련 상담·조력 업무

5. 증권의 투자 및 대차거래(貸借去來) 업무

6. 상업어음 및 무역어음의 매출

7. 금융관련법령에 따라 금융업을 경영하는 자의 금융상품 및 「무역보험법」에 따른 무역보험의 판매 대행

8. 대출 및 대출채권매매의 중개·주선 또는 대리 업무

9. 국외지점이 소재하는 국가의 관련 법령에 따라 영위할 수 있는 업무(해당 국외지점이 영위하는 경우로 한정한다)

10. 그 밖에 해당 업무를 운영하여도 법 제27조의2제4항 각 호의 어느 하나에 해당할 우려가 없는 업무로서 금융위원회가 정하여 고시하는 업무

[전문개정 2010. 11. 15.]

제18조의3(이해상충의 관리) ① 은행은 법 제28조의2제1항에 따라 다음 각 호의 구분에 따른 해당 호에서의 업무 간에는 이해상충이 발생할 가능성에 대하여 인식ㆍ평가하고 정보교류를 차단하는 등 공정하게 관리하여야 한다. 〈개정 2013. 9. 9., 2023. 5. 16.〉

1. 다음 각 목의 업무 간의 경우

가. 은행의 업무[나목부터 라목까지의 업무, 제2호다목에 따른 업무 및 제4호나목에 따른 투자자문업ㆍ투자매매업등(같은 호 각 목 외의 부분에 해당하는 경우로 한정한다)을 제외한 은행업무, 부수업무 및 겸영업무를 말한다]

나. 집합투자업

다. 신탁업

라. 일반사무관리회사의 업무

2. 다음 각 목의 업무 간의 경우

가. 집합투자업

나. 일반사무관리회사의 업무

다. 퇴직연금사업자의 업무, 담보부사채에 관한 신탁업, 제18조의2제4항제1호에 따른 유동화전문회사의 유동화자산 관리의 수탁업무 및 채권추심 업무의 수탁업무

3. 투자자문업과 제18조의2제4항제5호에 따른 업무 간의 경우

4. 신탁업[「자본시장과 금융투자업에 관한 법률」 제9조제20항에 따른 집합투자재산(이하 이 호에서 "집합투자재산"이라 한다)을 보관ㆍ관리하는 업무는 제외한다]을 투자자문업 또는 투자매매업등(집합투자증권에 대한 투자매매업, 집합투자증권에 대한 투자중개업 및 환매조건부매매의 업무를 말한다. 이하 이 호에서 같다)과 함께 영위하는 경우에는 다음 각 목의 업무 간의 경우

가. 집합투자업

나. 신탁업(집합투자재산을 보관ㆍ관리하는 업무는 제외한다), 투자자문업 및 투자매매업등

다. 신탁업(집합투자재산을 보관ㆍ관리하는 업무만 해당한다)

라. 일반사무관리회사의 업무

② 은행은 법 제28조의2제2항에 따라 이해상충의 관리를 위하여 다음 각 호의 구분에 따른 사항을 「금융회사의 지배구조에 관한 법률」 제24조제1항에 따른 내부통제기준(이하 "내부통제기준"이라 한다)에 반영하여야 한다. 〈개정 2013. 9. 9., 2016. 7. 28.〉

1. 제1항제1호 각 목의 업무 간의 경우, 같은 항 제2호 각 목의 업무 간의 경우 및 같은 항 제4호 각 목의 업무 간의 경우(같은 호 각 목 외의 부분에 해당하는 경우로 한정한다): 「자본시장과 금융투자업에 관한 법률」 제250조제3항부터 제7항까지에서 규정한 사항

2. 제1항제3호 업무 간의 경우: 다음 각 목의 행위를 금지하기 위하여 필요한 사항

가. 금융투자상품(「자본시장과 금융투자업에 관한 법률」 제3조에 따른 금융투자상품을 말한다. 이하 이 목에서 같다)의 투자 판단 자문에 응한 내용, 금융투자상품의 매매 및 소유 현황의 정보를 제공하는 행위. 다만, 이해상충이 발생할 가능성이 크지 아니한 경우로서 금융위원회가 정하여 고시하는 경우는 제외한다.

나. 임원(대표이사, 감사 및 사외이사가 아닌 감사위원회의 위원은 제외한다) 또는 직원을 겸직하게 하는 행위

다. 사무공간 또는 전산설비를 공동으로 이용하는 행위

라. 업무 간에 담당 부서를 독립된 부서로 구분하지 아니하거나, 담당 부서가 그 업무를 독립적으로 처리하지 아니하는 행위

③ 법 제28조의2제6항에서 "대통령령으로 정하는 겸영업무 및 부수업무"란 다음 각 호의 어느 하나에 해당하는 업무를 말한다. 〈개정 2013. 9. 9.〉

1. 집합투자업

2. 신탁업

3. 집합투자증권에 대한 투자매매업

4. 집합투자증권에 대한 투자중개업

5. 「여신전문금융업법」 제2조제2호에 따른 신용카드업

④ 제3항 각 호의 업무를 수행하는 은행은 법 제28조의2제6항에 따라 그 업무를 은행업무와 구별하고 별도의 장부와 기록을 보유하

여야 한다. 이 경우 제3항제2호의 업무를 수행하는 은행은 해당 업무에 속하는 자금, 유가증권 또는 소유물을 구별하여 별도의 장부와 기록을 보유하여야 한다.

[전문개정 2010. 11. 15.]

제18조의4(금리인하 요구) ① 은행과 신용공여 계약을 체결한 자는 법 제30조의2제1항에 따라 다음 각 호의 어느 하나에 해당하는 경우 은행에 금리인하를 요구할 수 있다. 〈개정 2020. 8. 4.〉

1. 개인이 신용공여 계약을 체결한 경우: 취업, 승진, 재산 증가 또는 개인신용평점 상승 등 신용상태의 개선이 나타났다고 인정되는 경우

2. 개인이 아닌 자(개인사업자를 포함한다)가 신용공여 계약을 체결한 경우: 재무상태 개선, 신용등급 또는 개인신용평점 상승 등 신용상태의 개선이 나타났다고 인정되는 경우

② 제1항에 따라 금리인하 요구를 받은 은행은 해당 요구의 수용 여부를 판단할 때 신용상태의 개선이 금리 산정에 영향을 미치는지 여부 등 금융위원회가 정하여 고시하는 사항을 고려할 수 있다.

③ 은행은 제1항에 따른 금리인하 요구를 받은 날부터 10영업일 이내(금리인하 요구자에게 자료의 보완을 요구하는 날부터 자료가 제출되는 날까지의 기간은 포함하지 않는다)에 해당 요구의 수용 여부 및 그 사유를 금리인하 요구자에게 전화, 서면, 문자메시지, 전자우편, 팩스 또는 그 밖에 이와 유사한 방법으로 알려야 한다.

④ 제1항부터 제3항까지에서 규정한 사항 외에 금리인하 요구의 요건 및 절차 등에 관하여 필요한 사항은 금융위원회가 정하여 고시한다.

[본조신설 2019. 6. 11.]

제19조(금융채의 발행 등) ① 법 제33조제1항 각 호 외의 부분 본문에서 "대통령령으로 정하는 한도"란 자기자본의 5배를 말한다. 다만, 법 제33조제1항 각 호의 사채(이하 "금융채"라 한다)를 새로 발행하지 아니하였음에도 불구하고 자기자본의 감소, 합병, 전환 등의 사유로 금융채의 발행금액이 자기자본의 5배를 초과하게 되는 경우

에는 그 발행금액이 자기자본의 5배 이내가 될 때까지 새로 금융채를 발행할 수 없다. 〈개정 2011. 12. 28., 2016. 6. 28.〉

② 은행이 이미 발행한 금융채를 상환하기 위하여 새로 금융채를 발행하는 경우에는 상환할 금융채의 발행금액은 법 제33조제1항 각 호 외의 부분 본문에 따른 사채발행한도에 산입하지 아니한다. 이 경우 상환하기로 한 금융채는 새로 금융채를 발행한 후 1개월 이내에 상환하여야 한다. 〈개정 2016. 6. 28.〉

③ 은행은 금융채를 매출기간을 미리 정하여 매출의 방법으로 발행할 수 있다.

④ 삭제 〈2016. 6. 28.〉

⑤ 법 제33조제1항제5호에서 "대통령령으로 정하는 사채"란 은행이 국제결제은행의 기준에 따라 발행한 채무증권 또는 금융업을 경영하는 자가 금융관련법령 및 이에 상당하는 외국의 금융관련법령에 따라 발행할 수 있는 채무증권으로서 금융위원회가 정하여 고시한 사채를 말한다. 〈신설 2016. 6. 28.〉

⑥ 법 제33조제1항제2호부터 제4호까지에 따른 사채(이하 "조건부자본증권"이라 한다)를 발행하는 경우 그 만기를 발행은행이 청산·파산하는 때로 할 수 있다. 〈신설 2016. 6. 28.〉

⑦ 법 제33조제1항제2호부터 제4호까지에 따른 예정사유는 다음 각 호의 기준을 모두 충족하여야 한다. 〈신설 2016. 6. 28.〉

1. 조건부자본증권을 발행하였거나 발행하려고 하는 은행(이하 "발행은행"이라 한다)이나 그 발행은행의 주주 및 투자자 등 조건부자본증권의 발행과 관련하여 이해관계를 가지는 자의 통상적인 노력으로 변동되거나 발생할 가능성이 현저히 낮은 사유로서 금융위원회가 정하여 고시하는 요건에 맞을 것

2. 「자본시장과 금융투자업에 관한 법률 시행령」 제176조의12제2항제2호에 따라 충분히 공시·공표될 수 있을 것

⑧ 제1항부터 제7항까지에서 규정한 사항 외에 금융채의 발행조건 및 발행방법 등에 관하여 필요한 세부사항은 금융위원회가 정하여 고시한다. 〈신설 2016. 6. 28.〉

[전문개정 2010. 11. 15.]

제19조의2(은행지주회사주식 전환형 조건부자본증권의 발행절차 등) ① 법 제33조의3제1항 각 호 외의 부분에서 "은행지주회사주식 전환형 조건부자본증권의 총액 등 대통령령으로 정하는 사항"이란 다음 각 호의 사항을 말한다.

1. 은행지주회사주식 전환형 조건부자본증권의 총액
2. 법 제33조의3제11항에 따라 비상장은행 및 상장은행지주회사의 정관에 규정하여야 하는 사항
3. 비상장은행 및 상장은행지주회사의 자본금 또는 준비금이 증가하는 경우에는 증가하는 자본금 또는 준비금에 관한 사항
4. 법 제33조의3제1항제1호에 따른 비상장은행의 이사회 의결일 및 같은 항 제2호에 따른 상장은행지주회사의 이사회 의결일과 주주총회 결의일
5. 법 제33조의3제8항 단서에 따라 달리 정하려는 사항
6. 법 제33조의4제1항 후단에 따라 특별결의를 거치지 아니하고 은행지주회사주식 전환형 조건부자본증권을 발행할 수 있다는 뜻

② 법 제33조의3제3항에서 "은행지주회사주식 전환형 조건부자본증권의 총액 등 대통령령으로 정하는 사항"이란 다음 각 호의 사항을 말한다.

1. 은행지주회사주식 전환형 조건부자본증권의 총액
2. 각 은행지주회사주식 전환형 조건부자본증권의 금액
3. 각 은행지주회사주식 전환형 조건부자본증권의 납입금액
4. 제5항 각 호의 사항

③ 법 제33조의3제6항에서 "대통령령으로 정하는 날"이란 예정사유가 발생한 날부터 제10영업일이 되는 날을 말한다.

④ 법 제33조의3제11항에 따라 비상장은행 및 상장은행지주회사의 정관에 규정하여야 하는 사항은 다음 각 호와 같다.

1. 은행지주회사주식 전환형 조건부자본증권을 발행할 수 있다는 뜻
2. 은행지주회사주식 전환형 조건부자본증권의 총액

3. 예정사유
4. 전환 및 교환으로 인하여 발행할 주식의 종류와 내용
5. 주주에게 은행지주회사주식 전환형 조건부자본증권의 인수권을 준다는 뜻과 인수권의 목적인 은행지주회사주식 전환형 조건부자본증권의 금액
6. 주주 외의 자에게 은행지주회사주식 전환형 조건부자본증권을 발행한다는 뜻과 그 발행할 은행지주회사주식 전환형 조건부자본증권의 금액

⑤ 은행지주회사주식 전환형 조건부자본증권의 사채청약서 및 사채원부에는 다음 각 호의 사항이 기재되어야 한다.

1. 은행지주회사주식 전환형 조건부자본증권을 비상장은행의 주식으로 전환함과 동시에 그 전환된 주식을 상장은행지주회사의 주식과 교환할 수 있다는 뜻
2. 예정사유, 주식으로의 전환가격 등 전환 및 교환의 조건
3. 전환 및 교환으로 인하여 발행할 주식의 종류와 내용

⑥ 은행지주회사주식 전환형 조건부자본증권의 주식으로의 전환가격에 관하여 필요한 세부사항은 금융위원회가 정하여 고시한다.

⑦ 제1항부터 제6항까지에서 규정한 사항 외에 은행지주회사주식 전환형 조건부자본증권의 발행 등에 필요한 세부사항은 금융위원회가 정하여 고시한다.

[본조신설 2016. 6. 28.]

제19조의3(사채등의 범위) 법 제33조의5제1항에서 “대통령령으로 정하는 권리”란 다음 각 호의 권리를 말한다.

1. 「중소기업은행법」 제36조의2에 따른 중소기업금융채권에 표시될 수 있거나 표시되어야 할 권리
2. 「한국산업은행법」 제23조에 따른 산업금융채권에 표시될 수 있거나 표시되어야 할 권리
3. 양도성 예금증서에 표시될 수 있거나 표시되어야 할 권리

[본조신설 2019. 6. 25.]

제19조의4(사채등 등록의 신청) ① 법 제33조의5제1항에 따른 사채

등(이하 "사채등"이라 한다)의 소유자·질권자, 그 밖의 이해관계자가 그 권리를 등록하려는 경우에는 해당 사채등을 발행하는 은행(이하 "발행은행"이라 한다)에 등록할 각 사채등의 금액, 채권 번호 및 그 밖에 등록에 필요한 사항을 적은 등록신청서를 제출해야 한다.

② 법 제33조의5제1항에 따른 등록의 원인이 양도나 질권 설정 등 상대방이 있는 행위인 경우에는 등록으로 권리를 취득하는 자(대리인을 포함하며, 이하 "등록권리자"라 한다) 및 그 상대방(대리인을 포함하며, 이하 "등록의무자"라 한다)은 공동으로 등록을 신청해야 한다. 다만, 등록의무자의 승낙서를 등록신청서에 첨부한 경우에는 등록권리자가 단독으로 등록을 신청할 수 있다.

③ 제1항 및 제2항에 따른 등록신청서, 등록의 방법·절차 및 제출서류 등 등록의 신청에 필요한 사항은 금융위원회가 정하여 고시한다.

[본조신설 2019. 6. 25.]

제19조의5(등록증명서의 발급) 발행은행은 사채등의 등록을 마친 경우에는 금융위원회가 정하여 고시하는 바에 따라 등록증명서를 발급해야 한다.

[본조신설 2019. 6. 25.]

제19조의6(사채등 등록 말소의 신청) ① 등록된 사채등의 등록 말소를 신청하려는 자는 등록 말소신청서에 등록을 말소해야 할 각 사채등의 금액 및 채권 번호와 그 밖에 필요한 사항을 적고 제19조의5에 따른 등록증명서를 첨부하여 제출해야 한다.

② 제1항에 따른 등록 말소신청서, 등록 말소의 방법·절차 및 제출서류 등 등록 말소의 신청에 필요한 사항은 금융위원회가 정하여 고시한다.

[본조신설 2019. 6. 25.]

제19조의7(등록의무자가 행방불명인 경우의 등록 말소) ① 등록권리자는 등록의무자의 행방을 알 수 없어 등록의 말소를 신청할 수 없는 경우에는 「민사소송법」에 따라 공시최고(公示催告)를 신청할 수 있다.

② 등록권리자는 등록의무자의 행방을 알 수 없어 등록의 말소를 신청할 수 없는 경우 제권판결(除權判決)이 있을 때에는 등록말소신청서에 제권판결 정본 또는 등본을 첨부하여 단독으로 등록 말소를 신청할 수 있다.

[본조신설 2019. 6. 25.]

제19조의8(등록부의 작성ㆍ비치 및 관리) ① 발행은행은 제19조의4 제1항에 따라 등록신청서가 제출되면 접수번호, 등록의 연월일, 등록권리자의 성명 및 주소, 등록의 원인 등 등록에 필요한 사항을 기재하여 등록부를 작성해야 한다.

② 제1항에 따른 등록부의 작성방법 및 절차, 비치ㆍ관리 등에 필요한 사항은 금융위원회가 정하여 고시한다.

[본조신설 2019. 6. 25.]

제19조의9(등록한 사채등에 관한 권리의 순위) ① 등록을 한 사채등에 관한 권리의 순위는 등록을 한 순서에 따른다.

② 등록의 순서는 등록부 중 같은 난에서 한 등록의 경우는 순위번호에 따르고, 별란(別欄)에서 한 등록의 경우는 접수번호에 따른다.

③ 부기등록(附記登錄)의 순위는 주등록(主登錄)의 순위에 따른다. 다만, 같은 주등록에 관한 부기등록 상호간의 순위는 부기등록을 한 순서에 따른다.

[본조신설 2019. 6. 25.]

제19조의10(등록한 무기명 사채등의 공탁) 등록한 무기명 사채등의 소유자에 관하여 「상법」 제491조제4항 및 제492조제2항과 「담보부사채신탁법」 제45조제2항 및 제84조제2항을 적용할 때에는 등록증명서의 공탁(供託)을 그 증권이나 증서의 공탁으로 본다.

[본조신설 2019. 6. 25.]

제20조(경영지도기준 등) ①법 제34조제2항에 따른 경영지도기준에는 다음 각 호의 사항이 포함되어야 한다. 〈개정 2011. 12. 28.〉

1. 국제결제은행의 기준에 따른 위험가중자산에 대한 자기자본비율 등 은행의 신용위험에 대응하는 자기자본의 보유기준에 관한 사항

2. 대출채권 등 은행이 보유하는 자산의 건전성 분류기준에 관한

사항

3. 신용공여를 통합하여 관리할 필요가 있다고 인정하여 금융위원회가 정하여 고시하는 자에 대한 신용공여 관리기준에 관한 사항

4. 유동성부채에 대한 유동성자산의 보유기준에 관한 사항

5. 그 밖에 은행 경영의 건전성 확보를 위하여 금융위원회가 정하여 고시하는 사항

② 금융위원회는 법 제34조제4항에 따른 조치로서 은행이 제1항에 따른 경영지도기준을 준수하지 못할 우려가 있거나 경영상 취약한 부분이 있다고 판단되는 경우에는 해당 은행에 대하여 이의 개선을 위한 계획 또는 약정서를 제출하도록 요구하거나 해당 은행과 경영개선을 위한 협약을 체결할 수 있다. 〈신설 2011. 12. 28.〉

③ 제2항에 따른 계획 또는 약정서의 제출요구, 협약 체결에 대한 절차, 방법, 그 밖에 필요한 사항은 금융위원회가 정하여 고시한다. 〈신설 2011. 12. 28.〉

[본조신설 2010. 11. 15.]

[제목개정 2011. 12. 28.]

제20조의2(불건전 영업행위의 구체적인 유형 등) 법 제34조의2제1항 각 호에 따른 불건전 영업행위의 구체적인 유형 또는 기준은 다음 각 호와 같다. 〈개정 2018. 5. 29.〉

1. 은행이용자에게 부당하게 편익을 제공하기 위하여 자기앞수표·양도성예금증서 등을 선(先)발행하는 등 실제 자금을 수취하지 아니하였음에도 입금처리하는 행위

2. 은행이용자의 조세포탈·회계분식·부당내부거래 등 부당한 거래를 지원하기 위하여 은행이용자가 대출을 받아 그 재원을 예금하고 예금담보대출을 받게 하는 행위 또는 타인이 은행이용자 명의로 양도성예금증서 또는 「자본시장과 금융투자업에 관한 법률」 제4조제3항에 따른 채무증권을 발행·매매하도록 하는 행위

3. 은행이용자에게 은행업무, 부수업무 또는 겸영업무(제18조의2제2항제1호부터 제6호까지, 제8호부터 제10호까지, 제13호 및 제18호에 따른 업무를 제외한다)와 관련하여 금융위원회가 정하여 고

시하는 정상적인 수준을 초과하여 재산상 이익을 제공하는 행위
4. 은행과 은행이용자 간, 특정 은행이용자와 다른 은행이용자 간에 이해상충이 발생할 수 있는 거래에 활용하기 위하여 은행업무, 부수업무 또는 겸영업무(이하 "은행업무등"이라 한다)과 관련하여 취득한 정보 등을 이용하는 행위
5. 그 밖에 은행업무등과 관련하여 은행의 건전한 운영 또는 신용질서를 해치는 행위로서 금융위원회가 정하여 고시하는 행위
[본조신설 2016. 6. 28.]
[종전 제20조의2는 제20조의4로 이동 〈2016. 6. 28.〉]

제20조의3(금융사고 예방대책 등) ① 법 제34조의3제1항제1호에서 "대통령령으로 정하는 사항"이란 다음 각 호의 사항을 말한다.
1. 은행 임직원의 사기·횡령·배임·절도·금품수수 등 범죄혐의가 있는 행위에 대한 방지 대책
2. 과거에 발생한 금융사고 또는 이와 유사한 금융사고에 대한 재발 방지 대책
3. 그 밖에 위법 또는 부당한 업무처리로 은행이용자의 보호에 지장을 가져오는 행위를 방지하기 위한 대책으로서 금융위원회가 정하여 고시하는 사항

② 법 제34조의3제1항제2호에서 "대통령령으로 정하는 사항"이란 금융사고 예방대책 이행상황에 대한 점검·평가 등 지점의 업무운영에 관한 자체적인 검사 계획 및 검사 실시 기준을 말한다.

③ 법 제34조의3제1항제3호에서 "대통령령으로 정하는 사항"이란 은행이용자의 정보보호를 위하여 예금, 대출 등 은행이 취급하는 상품의 홍보·판매 등의 과정에서 준수하여야 하는 은행이용자의 정보이용 기준 및 절차를 말한다. 〈개정 2021. 3. 23.〉

④ 법 제34조의3제1항제4호에서 "대통령령으로 정하는 사항"이란 전산사무, 현금수송사무 등 금융사고 가능성이 높은 사무에 관하여 필요한 검사기법 개발·운영 대책 및 이와 관련된 금융사고 예방대책을 말한다.

⑤ 은행은 금융사고 금액(해당 금융사고가 발생한 때 은행이 입은

피해 금액으로서 회수가 될 것으로 예상되는 금액을 차감하지 아니한 금액을 말한다. 이하 같다)이 3억원 이상인 경우에는 법 제34조의3제3항에 따라 금융사고가 발생한 날의 다음 날까지 그 금융사고 내용을 금융위원회에 보고하고, 금융사고가 발생한 날부터 15일 이내에 은행 인터넷 홈페이지 등을 이용하여 공시하여야 한다. 다만, 해당 금융사고 금액이 10억원 미만인 경우에는 공시하지 아니할 수 있다.

⑥ 법 제34조의3제3항에 따른 보고·공시 절차 및 방법 등에 관하여 필요한 사항은 금융위원회가 정하여 고시한다.

[본조신설 2016. 6. 28.]

[종전 제20조의3은 제20조의5로 이동 〈2016. 6. 28.〉]

제20조의4(신용위험을 공유하는 자의 범위) 법 제35조제1항 각 호 외의 부분 본문에서 "대통령령으로 정하는 신용위험을 공유하는 자"란 「독점규제 및 공정거래에 관한 법률」 제2조제11호에 따른 기업집단에 속하는 회사를 말한다. 〈개정 2021. 12. 28.〉

[전문개정 2010. 11. 15.]

[제20조의2에서 이동, 종전 제20조의4는 제20조의6으로 이동 〈2016. 6. 28.〉]

제20조의5(신용공여한도의 초과 사유) ① 법 제35조제1항제1호의 사유로 은행의 신용공여가 자기자본의 100분의 25를 초과할 수 있는 경우는 다음 각 호와 같다.

1. 「채무자 회생 및 파산에 관한 법률」에 따른 회생절차가 진행 중이거나 기업구조조정 등을 위하여 은행 공동으로 경영 정상화를 추진 중인 회사에 대하여 추가로 신용공여를 하는 경우

2. 제1호에 해당하는 회사를 인수한 자에 대하여 인수계약에서 정하는 바에 따라 추가로 신용공여를 하는 경우

3. 사회기반시설사업의 추진 등 산업발전 또는 국민생활 안정을 위하여 불가피하다고 금융위원회가 인정하는 경우

② 법 제35조제1항제2호의 사유로 은행의 신용공여가 자기자본의 100분의 25를 초과할 수 있는 경우는 다음 각 호와 같다.

1. 환율변동에 따라 원화환산액이 증가한 경우

2. 해당 은행의 자기자본이 감소한 경우
3. 동일차주(同一借主)의 구성에 변동이 있는 경우
4. 신용공여를 받은 기업 간의 합병 또는 영업의 양도·양수가 있는 경우
5. 그 밖에 급격한 경제 여건의 변화 등 불가피한 사유로 은행의 귀책사유 없이 신용공여한도를 초과하였다고 금융위원회가 인정하는 경우
[전문개정 2010. 11. 15.]
[제20조의3에서 이동, 종전 제20조의5는 제20조의7로 이동 〈2016. 6. 28.〉]

제20조의6(신용공여한도 초과기간의 연장 사유) 법 제35조제2항 단서에서 "대통령령으로 정하는 부득이한 사유에 해당하는 경우"란 다음 각 호의 어느 하나에 해당하는 경우를 말한다. 〈개정 2016. 6. 28.〉
1. 이미 제공한 신용공여의 기한이 도래하지 아니하여 기간 내에 회수가 곤란한 경우
2. 제20조의5제2항제1호 또는 제2호에 따른 사유가 장기간 지속되고 해당 신용공여를 회수할 경우 신용공여를 받은 자의 경영안정을 크게 해칠 우려가 있는 경우
3. 그 밖에 제1호 및 제2호에 준하는 경우로서 한도 초과 상태가 일정 기간 계속되어도 해당 은행의 자산건전성을 크게 해치지 아니한다고 금융위원회가 인정하는 경우
[전문개정 2010. 11. 15.]
[제20조의4에서 이동, 종전 제20조의6은 제20조의8로 이동 〈2016. 6. 28.〉]

제20조의7(은행의 대주주에 대한 신용공여한도 등) ① 법 제35조의2제1항에서 "대통령령으로 정하는 비율"이란 자기자본의 100분의 25를 말한다.
② 법 제35조의2제1항에 따른 대주주의 해당 은행에 대한 출자비율에 해당하는 금액은 대주주가 보유하는 해당 은행의 의결권 있는 주식 수를 해당 은행의 의결권 있는 발행주식 총수로 나눈 비율에

해당 은행의 자기자본을 곱한 금액으로 한다.

③ 법 제35조의2제2항에서 “대통령령으로 정하는 비율”이란 자기자본의 100분의 25를 말한다.

④ 은행이 추가로 신용공여를 하지 아니하였음에도 불구하고 다음 각 호의 어느 하나에 해당하는 사유로 제1항부터 제3항까지의 규정에서 정한 한도를 초과하게 된 경우에는 그 사유가 발생한 날부터 3개월 이내에 이를 적합하게 하기 위한 계획을 금융위원회에 제출하여 승인을 받아야 한다.

1. 환율변동에 따른 원화환산액의 증가
2. 해당 은행의 자기자본 감소
3. 동일인 구성의 변동
4. 기업 간 합병 또는 영업의 양수
5. 그 밖에 금융위원회가 인정하는 불가피한 사유

⑤ 법 제35조의2제4항 전단 및 제5항에서 “대통령령으로 정하는 금액”이란 단일거래금액이 자기자본의 1만분의 10에 해당하는 금액 또는 50억원 중 적은 금액을 말한다. 이 경우 단일거래금액의 구체적인 산정기준은 금융위원회가 정하여 고시한다.

⑥ 법 제35조의2제4항 전단에서 “대통령령으로 정하는 거래”란 「자본시장과 금융투자업에 관한 법률」 제9조제7항 및 제9항에 따른 모집 또는 매출의 방법으로 발행되는 사채권을 취득하는 거래를 말한다.

⑦ 법 제35조의2제6항에 따라 은행은 매 분기 말 현재 대주주에 대한 신용공여 규모, 분기 중 신용공여의 증감액, 신용공여의 거래조건, 그 밖에 금융위원회가 정하여 고시하는 사항을 매 분기가 지난 후 1개월 이내에 공시하여야 한다.

⑧ 법 제35조의2제8항에 따른 대주주에는 그 특수관계인 중 다음 각 호의 요건을 모두 충족하는 비영리법인·조합 또는 단체(이하 “공익법인등”이라 한다)는 포함되지 아니한다. 〈개정 2016. 6. 28.〉

1. 「상속세 및 증여세법」 제16조제1항에 따른 공익법인등에 해당할 것

2. 법 제35조의2제8항에 따른 양도 또는 매매 등이 금융위원회가 정하여 고시하는 기준을 준수할 것

[전문개정 2010. 11. 15.]

[제20조의5에서 이동, 종전 제20조의7은 제20조의9로 이동 〈2016. 6. 28.〉]

제20조의8(대주주가 발행한 지분증권의 취득한도 등) ① 법 제35조의3제1항 본문에서 "대통령령으로 정하는 비율"이란 자기자본의 100분의 1을 말한다.

② 은행이 위탁자(위탁자가 지정하는 자를 포함한다)가 신탁재산인 금전의 운용방법을 지정하는 신탁에 의하여 지분증권(「자본시장과 금융투자업에 관한 법률」 제4조제4항에 따른 지분증권을 말한다. 이하 같다)을 취득하는 것은 법 제35조의3제1항 본문에 따른 지분증권의 취득으로 보지 아니한다.

③ 법 제35조의3제3항에서 "대통령령으로 정하는 기간"이란 1년을 말한다. 다만, 금융위원회는 은행이 초과 보유한 지분증권의 규모, 증권시장의 상황 등에 비추어 부득이하다고 인정되는 경우에는 그 기간을 정하여 연장할 수 있다.

④ 법 제35조의3제4항 전단 및 제5항에서 "대통령령으로 정하는 금액"이란 단일거래금액(법 제35조의3제4항의 경우에는 「자본시장과 금융투자업에 관한 법률」에 따른 증권시장 또는 이와 유사한 시장으로서 외국에 있는 시장에서 취득하는 금액은 제외한다)이 자기자본의 1만분의 10에 해당하는 금액 또는 50억원 중 적은 금액을 말한다.

⑤ 법 제35조의3제6항에 따라 은행은 매 분기 말 현재 대주주가 발행한 지분증권을 취득한 규모, 분기 중 보유한 지분증권의 증감액, 보유한 지분증권의 취득가격, 그 밖에 금융위원회가 정하여 고시하는 사항을 매 분기가 지난 후 1개월 이내에 공시하여야 한다.

[전문개정 2010. 11. 15.]

[제20조의6에서 이동, 종전 제20조의8은 제20조의10으로 이동 〈2016. 6. 28.〉]

제20조의9(대주주의 부당한 영향력 행사의 금지) 법 제35조의4제4호에서 "대통령령으로 정하는 행위"란 다음 각 호의 어느 하나에 해당하는 행위를 말한다. 〈개정 2016. 6. 28.〉

1. 경쟁사업자에 대한 신용공여 시 정당한 이유 없이 금리, 담보 등 계약조건을 불리하게 하도록 요구하는 행위

2. 은행으로 하여금 제20조의7제8항에 따른 공익법인등에게 자산을 무상으로 양도하게 하거나 통상의 거래조건에 비추어 그 은행에게 현저하게 불리한 조건으로 매매, 교환 또는 신용공여를 하게 하는 행위

[전문개정 2013. 7. 8.]

[제20조의7에서 이동 〈2016. 6. 28.〉]

제20조의10(대주주와의 거래제한 등) ① 법 제35조의5제2항에서 "대통령령으로 정하는 경우"란 대주주가 다음 각 호의 어느 하나의 사유에 해당하여 해당 은행과 불법거래할 가능성이 크다고 인정되는 경우를 말한다. 〈개정 2013. 8. 27.〉

1. 부채가 자산을 초과하는 경우

2. 대주주에 대한 신용공여가 가장 많은 은행(해당 대주주가 대주주인 은행은 제외한다)이 금융위원회가 정하여 고시하는 자산건전성 분류기준에 따라 그 대주주의 신용위험을 평가한 결과 금융위원회가 정하여 고시하는 기준 이하로 분류된 경우

3. 「자본시장과 금융투자업에 관한 법률」 제335조의3에 따라 신용평가업인가를 받은 신용평가회사 둘 이상이 투자부적격 등급으로 평가한 경우

② 법 제35조의5제2항에서 "대주주에 대한 신용공여의 제한을 명하는 등 대통령령으로 정하는 조치"란 다음 각 호의 조치를 말한다. 〈개정 2016. 6. 28.〉

1. 대주주에 대한 신규 신용공여의 금지

2. 제20조의7제6항에 따른 거래의 제한

3. 대주주가 발행한 주식의 신규 취득 금지

[전문개정 2010. 11. 15.]

[제20조의8에서 이동 〈2016. 6. 28.〉]

제21조(자회사등에 대한 출자한도 등) ① 법 제37조제2항제1호에서 "대통령령으로 정하는 비율"이란 100분의 20을 말한다. 〈개정 2016. 6. 28.〉

② 법 제37조제2항제2호에 따라 금융위원회는 다른 회사의 지분증권을 취득할 수 있는 은행의 요건으로 다음 각 호의 사항에 관한 요건을 정할 수 있다.

1. 은행의 경영상태

2. 은행이 이미 출자한 자회사등(법 제37조제2항 각 호 외의 부분 단서에 따른 자회사등을 말한다. 이하 같다)의 경영상태

3. 자회사등에 대한 출자의 총한도

③ 법 제37조제2항제2호를 적용하는 경우 출자 총액을 산정할 때에는 원본(元本) 보전(補塡)의 약정이 있는 신탁계정에서의 출자액은 포함하되, 법령에 따라 출자하는 금액과 구조조정 등에 드는 금액으로서 금융위원회가 인정하는 금액은 제외한다.

④ 법 제37조제2항제2호에서 "대통령령으로 정하는 비율"이란 100분의 30을 말한다.

⑤ 법 제37조제3항제1호에서 "대통령령으로 정하는 기준"이란 자회사등 각각에 대해서는 해당 은행 자기자본의 100분의 10을, 자회사등 전체에 대해서는 해당 은행 자기자본의 100분의 20을 말한다.

⑥ 법 제37조제3항제1호에서 "그 은행의 자회사등이 합병되는 등 대통령령으로 정하는 경우"란 다음 각 호의 어느 하나에 해당하는 경우를 말한다.

1. 은행 이사회에서 합병하기로 결의한 자회사등에 대하여 신용공여를 하는 것이 불가피한 경우

2. 은행 공동으로 경영 정상화를 추진 중인 자회사등에 대하여 신용공여를 하기로 합의한 경우

⑦ 은행이 추가로 신용공여를 하지 아니하였음에도 불구하고 다음 각 호의 어느 하나에 해당하는 사유로 제5항에서 정한 기준을 초과하게 된 경우에는 이를 적합하게 하기 위한 계획을 그 사유가 발생

한 날부터 1개월 이내에 금융위원회에 제출하여야 한다.

1. 환율변동에 따른 원화환산액의 증가

2. 해당 은행의 자기자본 감소

3. 자회사등 간의 합병 또는 영업의 양도·양수

4. 그 밖에 금융위원회가 정하여 고시하는 사유

⑧ 법 제37조제3항제4호에서 "대통령령으로 정하는 행위"란 다음 각 호의 어느 하나에 해당하는 행위를 말한다.

1. 정당한 사유 없이 자회사등이 부담하여야 할 경비를 부담하는 행위

2. 업무상 알게 된 은행이용자에 대한 정보를 은행이용자의 동의 없이 자회사등에 제공하거나 자회사등으로부터 제공받는 행위. 다만, 법령에 따라 제공하거나 제공받는 경우는 제외한다.

3. 그 밖에 정당한 사유 없이 자회사등을 우대하는 행위로서 금융위원회가 정하여 고시하는 행위

⑨ 법 제37조제6항제1호에서 "대통령령으로 정하는 경우"란 다음 각 호의 어느 하나에 해당하는 경우를 말한다.

1. 자은행이 모은행(법 제37조제5항에 따른 모은행을 말한다. 이하 같다)의 새로운 다른 자은행이 발행한 주식을 이미 소유하고 있는 경우

2. 모은행의 새로운 자은행이 그 모은행 또는 그 자은행이 발행한 주식을 이미 소유하고 있는 경우

3. 「상법」 제342조의2제1항에 따라 모은행등(법 제37조제6항제1호에 따른 모은행등을 말한다. 이하 같다)이 발행한 주식을 소유하는 경우

⑩ 자은행이 제9항 각 호의 어느 하나의 사유로 모은행등이 발행한 주식을 소유한 경우에는 그 날부터 2년 이내에 해당 주식을 처분하여야 한다. 다만, 금융위원회는 자은행이 소유한 주식의 규모, 증권시장의 상황 등에 비추어 부득이하다고 인정되는 경우에는 그 기간을 연장할 수 있다.

⑪ 법 제37조제6항제3호에서 "대통령령으로 정하는 기준"이란 다

음 각 호의 기준을 말한다. 다만, 제12항 각 호에 해당하는 경우에는 그 사유가 발생한 날부터 2년 이내에 다음 각 호의 기준에 적합하도록 하되, 자은행의 신용공여 규모 등에 비추어 부득이하다고 인정되는 경우 금융위원회는 그 기간을 연장할 수 있다.

1. 모은행에 대한 신용공여의 금지
2. 다른 자은행에 대한 신용공여는 해당 자은행 자기자본의 100분의 10 이내
3. 다른 자은행에 대한 신용공여의 합계액은 해당 자은행 자기자본의 100분의 20 이내

⑫ 제11항에서 "제12항 각 호에 해당하는 경우"란 다음 각 호의 어느 하나에 해당하는 경우를 말한다. 〈개정 2016. 6. 28.〉

1. 모자관계를 형성하기 이전에 이미 모은행에 신용공여를 한 경우
2. 모은행의 새로운 자은행에 대한 신용공여의 규모가 이미 제11항제2호 및 제3호에 따른 한도를 초과한 경우
3. 제20조의7제4항제1호ㆍ제2호ㆍ제4호 및 제5호의 사유로 제11항에 따른 기준을 위반하게 된 경우

⑬ 법 제37조제6항제4호에서 "대통령령으로 정하는 행위"란 다음 각 호의 행위를 말한다.

1. 모은행등이 발행한 주식을 담보로 하거나 이를 매입시키기 위한 신용공여
2. 모은행등의 임원 또는 직원에 대한 대출(금융위원회가 정하는 소액대출은 제외한다)

⑭ 법 제37조제7항 본문에 따라 자은행이 모은행등에 대하여 신용공여를 하는 경우에는 신용공여액의 100분의 150의 범위에서 유가증권, 부동산 등 담보의 종류에 따라 금융위원회가 정하여 고시하는 비율 이상의 담보를 확보하여야 한다.

⑮ 법 제37조제7항 단서에서 "그 자은행과 모은행등의 구조조정에 필요한 신용공여 등 대통령령으로 정하는 요건에 해당하는 경우"란 다음 각 호의 어느 하나에 해당하는 경우를 말한다.

1. 해당 자은행과 모은행등의 구조조정에 필요한 신용공여에 해당하는 경우

2. 해당 자은행이 모은행의 자은행이 되기 전에 한 신용공여에 해당하는 경우. 다만, 해당 자은행이 모은행의 자은행이 된 날부터 2년 이내에 제13항에 적합하게 하는 경우로 한정한다.

3. 「자본시장과 금융투자업에 관한 법률」에 따른 자금중개회사를 통한 통상적 수준 이내에서의 단기자금거래에 해당하는 경우

4. 추심 중에 있는 자산을 근거로 제공한 일시적 신용공여에 해당하는 경우

5. 당일 자금 상환을 조건으로 제공한 통상적 수준 이내에서의 당좌대출에 해당하는 경우

⑯ 법 제37조제8항 본문에서 "대통령령으로 정하는 불량자산"이란 경영내용, 재무상태 및 미래의 현금흐름 등을 고려할 때 상환에 어려움이 있거나 있을 것으로 판단되는 채무자 등에 대한 채권 등으로서 금융위원회가 정하여 고시하는 자산을 말한다.

[전문개정 2010. 11. 15.]

제21조의2(증권에 대한 투자한도 등) ① 법 제38조제1호 각 목 외의 부분 전단에서 "대통령령으로 정하는 비율"이란 100분의 100을 말한다. 〈개정 2014. 12. 9.〉

② 법 제38조제1호다목에서 "대통령령으로 정하는 것"이란 「자본시장과 금융투자업에 관한 법률」 제4조제7항에 따른 파생결합증권으로서 상환기간이 3년을 초과하는 것을 말한다.

③ 법 제38조제1호라목에서 "대통령령으로 정하는 증권"이란 「자본시장과 금융투자업에 관한 법률」 제4조제2항에 따른 수익증권, 투자계약증권 및 증권예탁증권으로서 상환기간이 3년을 초과하는 것을 말한다.

④ 법 제38조제2호에서 "대통령령으로 정하는 업무용 부동산"이란 다음 각 호의 어느 하나에 해당하는 부동산을 말한다.

1. 영업소, 사무소 등 영업시설

2. 연수시설

3. 복리후생시설

4. 제1호부터 제3호까지의 시설 용도로 사용할 토지·건물 및 그 부대시설

⑤ 법 제38조제3호에서 "대통령령으로 정하는 비율"이란 100분의 60을 말한다. 〈신설 2014. 12. 9.〉

⑥ 은행이 제4항에 따른 업무용 부동산(이하 이 항에서 "업무용 부동산"이라 한다)을 새로 취득하지 아니하였음에도 불구하고 손실 발생 등으로 부득이 하게 자기자본이 감소하여 제5항에 따른 한도를 초과하게 된 경우에는 초과하게 된 날부터 1년 이내에 그 한도에 적합하게 하여야 한다. 다만, 금융위원회는 은행이 초과 보유한 업무용 부동산의 규모, 부동산시장의 상황 등에 비추어 부득이하다고 인정되는 경우에는 해당 은행의 신청에 따라 그 기간을 연장할 수 있다. 〈개정 2014. 12. 9.〉

[전문개정 2010. 11. 15.]

제21조의3 삭제 〈2010. 11. 15.〉

제22조 삭제 〈2002. 8. 21.〉

제23조(외국은행 지점의 이익준비금의 적립 시기) 외국은행의 지점(법 제59조제1항 본문에 따른 외국은행의 지점을 말한다. 이하 같다)이 법 제40조에 따라 이익준비금을 적립하는 경우 법 제40조에서 "결산 순이익금을 배당할 때"란 결산할 때를 말한다.

[전문개정 2010. 11. 15.]

제24조(경영공시) ① 법 제43조의3에서 "대통령령으로 정하는 사항"이란 다음 각 호의 사항을 말한다.

1. 재무 및 손익에 관한 사항

2. 자금의 조달 및 운용에 관한 사항

3. 법 제53조에 따른 제재 조치나 「금융산업의 구조개선에 관한 법률」 제10조 및 제14조에 따른 조치 또는 처분을 받은 경우에는 그 내용

② 금융위원회는 제1항제1호부터 제3호까지의 공시사항에 관한 세부기준을 정할 수 있다.

[전문개정 2010. 11. 15.]

제24조의2(정기주주총회 보고) 법 제43조의4제1항제2호에서 "대통령령으로 정하는 금액"이란 100억원을 말한다.

[본조신설 2023. 8. 22.]

[종전 제24조의2는 제24조의3으로 이동 〈2023. 8. 22.〉]

제24조의3(정관변경 등의 보고) ① 은행은 법 제47조 각 호의 어느 하나에 해당하는 경우에는 그 사실을 금융위원회에 지체 없이 보고하여야 한다. 다만, 법 제47조제7호에 해당하는 경우로서 금융위원회가 정하여 고시하는 자회사등에 무한책임사원으로 출자를 하는 경우에는 그 사실을 반기마다 보고할 수 있다. 〈개정 2014. 12. 9.〉

② 법 제47조제10호에서 "대통령령으로 정하는 행위를 한 때"란 다음 각 호의 어느 하나에 해당하는 때를 말한다. 〈개정 2022. 5. 9.〉

1. 은행의 국외현지법인 또는 국외지점이 현지 감독기관으로부터 제재(미합중국 화폐 2천달러 미만의 금전 제재는 제외한다)를 받거나 금융사고가 발생하는 등 주요 변동사항이 있는 때

2. 외국은행의 지점이 다음 각 목의 어느 하나에 해당할 때

   가. 외국은행의 정관, 상호 및 자본금에 변동이 있을 때

   나. 외국은행의 은행장이 해임되었을 때

   다. 외국은행이 합병 또는 해산되었을 때

3. 영업의 일부를 양도하거나 양수하였을 때. 다만, 법 제55조제1항제3호에 따라 인가를 받았을 때는 제외한다.

4. 그 밖에 금융위원회가 정하여 고시하는 사항에 해당할 때

[전문개정 2010. 11. 15.]

[제24조의2에서 이동, 종전 제24조의3은 제24조의4로 이동 〈2023. 8. 22.〉]

제24조의4(적립금 보유 등 요구) 법 제50조에서 "불건전한 자산을 위한 적립금의 보유 등 대통령령으로 정하는 조치"란 다음 각 호의 조치를 말한다.

1. 불건전한 자산을 위한 적립금의 보유

2. 자산의 장부가격의 변경

3. 가치가 없다고 인정되는 자산의 손실처리

[전문개정 2010. 11. 15.]

[제24조의3에서 이동, 종전 제24조의4는 제24조의5로 이동 〈2023. 8. 22.〉]

제24조의5(약관의 변경 등) ① 법 제52조제1항 단서에서 "대통령령으로 정하는 경우"란 다음 각 호의 어느 하나에 해당하는 경우를 말한다.

1. 금융거래와 관련된 약관(이하 "약관"이라 한다)의 제정으로서 기존 금융서비스의 제공 내용·방식·형태 등과 차별성이 있는 내용을 포함하는 경우

2. 은행이용자의 권리를 축소하거나 의무를 확대하기 위한 약관의 변경으로서 다음 각 목의 어느 하나에 해당하는 경우

가. 변경 전 약관을 적용받는 기존 이용자에게 변경된 약관을 적용하는 경우

나. 기존 금융서비스의 제공 내용·방식·형태 등과 차별성이 있는 내용을 포함하는 경우

3. 그 밖에 은행이용자 보호 등을 위하여 금융위원회가 정하여 고시하는 경우

② 제1항에도 불구하고 다음 각 호의 경우는 법 제52조제1항 단서에 따라 사전신고하는 경우에 해당하지 않는다. 〈개정 2022. 5. 9.〉

1. 법 제52조제1항에 따라 보고 또는 신고된 약관과 동일하거나 유사한 내용으로 약관을 제정하거나 변경하는 경우

2. 법 제44조에 따른 명령 또는 법 제52조제5항에 따른 변경권고에 따라 약관을 제정하거나 변경하는 경우

3. 「약관의 규제에 관한 법률」 제19조의3에 따른 표준약관의 제정 또는 변경에 따라 약관을 제정하거나 변경하는 경우

4. 법령의 제정 또는 개정에 따라 약관을 제정하거나 변경하는 경우

5. 그 밖에 이용자의 권리나 의무에 중대한 영향을 미칠 우려가 없다고 인정하는 경우로서 금융위원회가 정하여 고시하는 경우

[본조신설 2019. 12. 31.]

[제24조의4에서 이동, 종전 제24조의5는 제24조의6으로 이동 〈2023. 8. 22.〉]

제24조의6(금융거래상 중요 정보 제공) ① 삭제 〈2021. 3. 23.〉

② 은행은 법 제52조의2제2항에 따라 예금자 등 은행이용자를 보호하고 금융분쟁의 발생을 방지하기 위하여 다음 각 호의 조치를 하여야 한다. 〈개정 2021. 3. 23.〉

1. 금리, 계약 해지 및 예금자 보호에 관한 사항 등 은행이용자가 유의하여야 할 사항을 공시할 것

2. 금융거래(「금융소비자 보호에 관한 법률」에 따른 금융상품의 계약에 따른 거래는 제외한다) 단계별로 다음 각 목의 구분에 따라 해당 정보나 자료를 제공하고 그 내용을 설명할 것. 다만, 이미 체결된 계약과 같은 내용으로 계약을 갱신하는 경우 등 금융위원회가 정하여 고시하는 경우에는 정보나 자료의 제공 및 설명을 생략할 수 있다.

가. 계약체결을 권유하는 경우: 계약조건, 거래비용 등 계약의 주요 내용

나. 은행이용자가 청약하는 경우: 약관

다. 계약을 체결하는 경우: 계약 서류

③ 은행이용자(「금융소비자 보호에 관한 법률」에 따른 금융소비자는 제외한다)는 약관 및 계약서류에 대한 열람을 신청할 수 있다. 이 경우 은행은 정당한 사유가 없으면 이에 따라야 한다. 〈개정 2021. 3. 23.〉

④ 제2항 및 제3항에서 규정한 사항 외에 금융거래상 중요 정보 제공에 필요한 사항은 금융위원회가 정하여 고시한다. 〈개정 2021. 3. 23.〉

[본조신설 2010. 11. 15.]

[제목개정 2021. 3. 23.]

[제24조의5에서 이동 〈2023. 8. 22.〉]

제24조의7(고객응대직원의 보호를 위한 조치) 법 제52조의4제1항제

4호에서 "법적 조치 등 대통령령으로 정하는 조치"란 다음 각 호의 조치를 말한다.

1. 고객의 폭언이나 성희롱, 폭행 등(이하 "폭언등"이라 한다)이 관계 법률의 형사처벌규정에 위반된다고 판단되고 그 행위로 피해를 입은 직원이 요청하는 경우: 관할 수사기관 등에 고발

2. 고객의 폭언등이 관계 법률의 형사처벌규정에 위반되지는 아니하나 그 행위로 피해를 입은 직원의 피해정도 및 그 직원과 다른 직원에 대한 장래 피해발생 가능성 등을 고려하여 필요하다고 판단되는 경우: 관할 수사기관 등에 필요한 조치 요구

3. 직원이 직접 폭언등의 행위를 한 고객에 대한 관할 수사기관 등에 고소, 고발, 손해배상 청구 등의 조치를 하는 데 필요한 행정적, 절차적 지원

4. 고객의 폭언등을 예방하거나 이에 대응하기 위한 직원의 행동요령 등에 대한 교육 실시

5. 그 밖에 고객의 폭언등으로부터 직원을 보호하기 위하여 필요한 사항으로서 금융위원회가 정하여 고시하는 조치

[본조신설 2016. 6. 28.]

[제24조의6에서 이동, 종전 제24조의7은 제24조의8로 이동 〈2019. 12. 31.〉]

제24조의8(기관전용 사모집합투자기구등에 대한 제재 등) ① 법 제53조의2제3항제5호에서 "대통령령으로 정하는 조치"란 다음 각 호의 어느 하나에 해당하는 조치를 말한다.

1. 업무방법의 개선요구나 개선권고

2. 그 밖에 금융위원회가 법, 이 영, 그 밖의 관련 법령 등에 따라 할 수 있는 조치

② 법 제53조의2제4항제1호마목에서 "대통령령으로 정하는 조치"란 제1항 각 호의 어느 하나에 해당하는 조치를 말한다.

③ 법 제53조의2제4항제2호마목에서 "대통령령으로 정하는 조치"란 다음 각 호의 어느 하나에 해당하는 조치를 말한다.

1. 주의

2. 그 밖에 금융위원회가 법, 이 영, 그 밖의 관련 법령 등에 따라 할 수 있는 조치

④ 법 제53조의2제4항제3호바목에서 "대통령령으로 정하는 조치"란 다음 각 호의 어느 하나에 해당하는 조치를 말한다.

1. 경고

2. 그 밖에 금융위원회가 법, 이 영, 그 밖의 관련 법령 등에 따라 할 수 있는 조치

[전문개정 2010. 11. 15.]

[제목개정 2021. 10. 21.]

[제24조의7에서 이동, 종전 제24조의8은 제24조의9로 이동 〈2019. 12. 31.〉]

제24조의9(합병 등의 인가) ① 금융위원회는 법 제55조제1항제1호에 따라 분할 또는 합병의 인가를 하려는 때에는 다음 각 호의 기준을 충족하는지를 심사하여야 한다.

1. 금융산업의 효율화와 신용질서의 유지에 지장을 주지 아니할 것

2. 분할 또는 합병에 따른 영업계획 및 조직운영계획이 적정할 것

3. 분할 또는 합병에 따른 은행의 소유구조 변경이 법령에 적합할 것

4. 「상법」 및 「자본시장과 금융투자업에 관한 법률」, 그 밖의 관계 법령에 따른 절차 이행에 하자가 없을 것

② 금융위원회는 법 제55조제1항제2호에 따라 해산 또는 은행업 폐지의 인가를 하려는 때에는 다음 각 호의 기준을 충족하는지를 심사하여야 한다.

1. 해당 은행의 경영 및 재무상태 등에 비추어 부득이할 것

2. 예금자 등 이용자 보호와 신용질서 유지에 지장을 주지 아니할 것

3. 「상법」 및 「자본시장과 금융투자업에 관한 법률」, 그 밖의 관계 법령에 따른 절차 이행에 하자가 없을 것

③ 법 제55조제1항제3호에 따른 영업양수의 인가에 관하여는 제1항을 준용하고 영업양도의 인가에 관하여는 제2항을 준용한다.

④ 금융위원회는 법 제55조제1항에 따른 인가의 세부요건·신청서류, 그 밖에 필요한 사항을 정할 수 있다.

⑤ 법 제55조제1항제2호에서 "대통령령으로 정하는 중요한 일부의 폐업"이란 은행업무 일부의 폐업으로서 다음 각 호의 어느 하나에 해당하는 폐업을 말한다. 〈신설 2023. 8. 22.〉

1. 폐업하려는 업무에 속하는 자산의 합계액이 직전 사업연도 말 기준 재무제표(법 제41조제1항 본문의 연결재무제표를 작성하는 은행의 경우에는 연결재무제표를 말한다. 이하 이 조에서 같다)에 표시된 자산총액의 100분의 10 이상인 폐업

2. 폐업하려는 업무에 속하는 영업이익이 직전 사업연도 말 기준 재무제표에 표시된 영업이익의 100분의 10 이상인 폐업

⑥ 법 제55조제1항제3호에서 "대통령령으로 정하는 중요한 일부의 양도·양수"란 은행업무, 부수업무 또는 겸영업무 일부의 양도·양수로서 다음 각 호의 어느 하나에 해당하는 양도·양수를 말한다. 〈개정 2023. 8. 22.〉

1. 양도·양수하려는 업무에 속하는 자산의 합계액(직전 사업연도 말 기준 재무제표에 표시된 자산의 합계액과 양도·양수 계약서에 표시된 자산의 합계액 중 큰 금액을 말한다)이 직전 사업연도 말 기준 재무제표에 표시된 자산총액의 100분의 10 이상인 양도·양수

2. 양도·양수하려는 업무에 속하는 영업이익의 합계액이 직전 사업연도 말 기준 재무제표에 표시된 영업이익의 100분의 10 이상인 양도·양수

3. 양수하려는 업무에 속하는 부채의 합계액(직전 사업연도 말 기준 재무제표에 표시된 부채의 합계액과 양도·양수 계약서에 표시된 부채의 합계액 중 큰 금액을 말한다)이 직전 사업연도 말 기준 재무제표에 표시된 부채총액의 100분의 10 이상인 양수

[전문개정 2010. 11. 15.]

[제24조의8에서 이동, 종전 제24조의9는 제24조의10으로 이동 〈2019. 12. 31.〉]

제24조의10(외국은행의 지점 신설 등의 인가) ① 금융위원회는 법

제58조제1항에 따라 외국은행의 지점·대리점의 신설인가를 하려는 때에는 해당 외국은행의 본점 및 대표자에 관한 사항을 확인하여야 한다.

② 금융위원회는 법 제58조제1항에 따라 외국은행의 지점·대리점의 폐쇄인가를 하려는 때에는 다음 각 호의 기준을 충족하는지를 심사하여야 한다.

1. 폐쇄에 따른 자산 및 부채의 정리계획이 적정하고 국내 예금자 등 채권자 보호에 지장을 주지 아니할 것

2. 내국인 근무 직원에 대한 퇴직금 지급 등의 조치계획이 적정할 것

③ 금융위원회는 법 제58조제1항에 따른 인가의 세부요건·인가 신청서류, 그 밖에 필요한 사항을 정할 수 있다.

[전문개정 2010. 11. 15.]

[제24조의9에서 이동 〈2019. 12. 31.〉]

제25조(국내 보유 자산의 범위) 법 제62조제1항에 따라 외국은행의 지점이 국내에 보유하여야 하는 자산의 범위는 제26조에 따른 영업기금에 상당하는 자산으로 한다.

[전문개정 2010. 11. 15.]

제26조(자본금의 의제) 법 제63조에 따라 외국은행의 지점에 대해서는 다음 각 호의 어느 하나에 해당하는 것으로서 금융위원회가 인정한 영업기금을 자본금으로 본다. 〈개정 2016. 6. 28.〉

1. 외국은행의 지점 설치 및 영업행위를 위하여 그의 본점이 다음 각 목의 어느 하나에 해당하는 금융기관에 외화자금을 매각하여 해당 지점에 공급한 원화자금

가. 「한국은행법」에 따른 한국은행

나. 「한국산업은행법」에 따른 한국산업은행

다. 「한국수출입은행법」에 따른 한국수출입은행

라. 「중소기업은행법」에 따른 중소기업은행

마. 「농업협동조합법」에 따른 농협은행

바. 「수산업협동조합법」에 따른 수협은행

사. 법 제8조에 따른 인가를 받은 은행

2. 법 제40조에 따른 해당 외국은행의 지점 적립금에서 전입하는 자금

3. 외국은행의 지점을 추가로 설치하기 위하여 이미 국내에 설치된 외국은행의 지점 이월이익잉여금에서 전입하는 자금

4. 외국은행의 지점이 한국은행에 외화자금을 매각하여 조달한 원화자금

5. 외국은행의 본점 또는 국외지점으로부터 상환기간이 1년을 초과하는 조건으로 차입한 자금 중 국내에서 운용하는 자금

[전문개정 2010. 11. 15.]

제26조의2(권한의 위탁) ① 금융위원회는 법 제65조에 따라 별표 3 각 호에 따른 권한을 금융감독원장에게 위탁한다.

② 금융감독원장은 제1항에 따라 위탁받은 업무의 처리내용을 6개월마다 금융위원회에 보고하여야 한다. 다만, 금융위원회는 금융위원회가 정하여 고시하는 업무에 대해서는 보고 주기를 달리 정할 수 있다.

[본조신설 2010. 11. 15.]

[종전 제26조의2는 제26조의3으로 이동 〈2010. 11. 15.〉]

제26조의3(과징금의 부과기준 등) ① 법 제65조의3에 따른 과징금의 부과기준은 별표 3의2와 같다. 〈신설 2017. 10. 17.〉

② 금융위원회는 법 제65조의4에 따라 과징금을 부과하려는 때에는 그 위반행위의 종류와 해당 과징금의 금액을 구체적으로 밝혀 과징금을 낼 것을 서면으로 통지하여야 한다. 〈개정 2017. 10. 17.〉

③ 제2항에 따라 통지를 받은 자는 통지받은 날부터 60일 이내에 금융위원회가 정하는 수납기관에 과징금을 내야 한다. 〈개정 2017. 10. 17.〉

④ 이 영에서 규정한 사항 외에 과징금의 부과에 필요한 사항은 금융위원회가 정하여 고시한다. 〈개정 2017. 10. 17.〉

[전문개정 2010. 11. 15.]

[제목개정 2017. 10. 17.]

[제26조의2에서 이동, 종전 제26조의3은 제26조의4로 이동 〈2010. 11. 15.〉]

제26조의4(과징금의 납부기한 연기 및 분할 납부) ① 금융위원회가 「행정기본법」 제29조 단서에 따라 법 제65조의7제1항에 따른 과징금의 납부기한을 연기하는 경우에는 그 납부기한의 다음 날부터 1년을 초과할 수 없다.

② 금융위원회가 「행정기본법」 제29조 단서에 따라 법 제65조의7제1항에 따른 과징금을 분할 납부하게 하는 경우 각 분할된 납부기한 간의 간격은 6개월 이내로 하며 분할 납부의 횟수는 3회 이내로 한다.

③ 제1항 및 제2항에서 규정한 사항 외에 납부기한의 연기 또는 분할 납부의 신청서 등에 관하여 필요한 사항은 금융위원회가 정하여 고시한다.

[전문개정 2023. 12. 12.]

제26조의5(가산금) 법 제65조의8제1항 전단에서 "대통령령으로 정하는 가산금"이란 체납된 과징금에 연 100분의 6을 적용하여 계산한 금액을 말한다. 〈개정 2017. 10. 17.〉

[전문개정 2010. 11. 15.]

[제26조의4에서 이동, 종전 제26조의5는 제26조의6으로 이동 〈2010. 11. 15.〉]

제26조의6(독촉) ① 법 제65조의8제2항에 따른 독촉은 납부기한이 지난 후 15일 이내에 서면으로 하여야 한다.

② 제1항에 따라 독촉장을 발급하는 경우 체납된 과징금의 납부기한은 독촉장 발급일부터 10일 이내로 한다.

[전문개정 2010. 11. 15.]

[제26조의5에서 이동, 종전 제26조의6은 제26조의7로 이동 〈2010. 11. 15.〉]

제26조의7(체납처분의 위탁) ① 금융위원회는 법 제65조의8제3항에 따라 체납처분에 관한 업무를 국세청장에게 위탁할 때에는 다음 각 호의 서류를 첨부한 서면으로 하여야 한다.

1. 금융위원회의 의결서
2. 세입징수 결의서 및 고지서
3. 납부독촉장

② 국세청장은 제1항에 따라 체납처분 업무를 위탁받은 경우에는 그 사유가 발생한 날부터 30일 이내에 다음 각 호의 어느 하나에 해당하는 사항을 금융위원회에 서면으로 통보하여야 한다.

1. 체납처분에 관한 업무가 끝난 경우에는 그 업무가 끝난 일시와 그 밖에 필요한 사항
2. 금융위원회로부터 진행 상황에 대한 통보 요청을 받은 경우에는 그 진행 상황

[전문개정 2010. 11. 15.]

[제26조의6에서 이동 〈2010. 11. 15.〉]

제27조(환급가산금의 이율) 법 제65조의10제2항에서 "대통령령으로 정하는 가산금 이율"이란 은행의 1년 만기 정기예금 이자율을 고려하여 금융위원회가 정하여 고시하는 이율을 말한다.

[본조신설 2010. 11. 15.]

제28조(결손처분) 법 제65조의11제6호에서 "대통령령으로 정하는 사유"란 「채무자 회생 및 파산에 관한 법률」 제251조 본문에 따라 회생채권 등이 면책되는 것을 말한다.

[본조신설 2010. 11. 15.]

제29조(민감정보 및 고유식별정보의 처리) ①금융위원회(제26조의2제1항 및 별표 3에 따라 금융위원회의 권한을 위탁받은 자를 포함한다) 또는 금융감독원장은 다음 각 호의 사무를 수행하기 위하여 불가피한 경우 「개인정보 보호법 시행령」 제18조제2호에 따른 범죄경력자료에 해당하는 정보, 같은 법 시행령 제19조제1호 또는 제4호에 따른 주민등록번호 또는 외국인등록번호가 포함된 자료를 처리할 수 있다. 〈개정 2014. 8. 6., 2015. 10. 23., 2016. 6. 28., 2019. 12. 31., 2021. 10. 21.〉

1. 법 제8조에 따른 은행업의 인가에 관한 사무
2. 법 제11조 및 이 영 제3조에 따른 신청서 등의 제출에 관한

사무

3. 법 제11조의2 및 이 영 제3조의2에 따른 예비인가에 관한 사무

4. 법 제15조, 이 영 제4조의2, 제8조에 따른 동일인 주식보유한도 등에 관한 사무

5. 삭제 〈2014. 2. 11.〉

6. 법 제15조의3 및 이 영 제10조에 따른 기관전용 사모집합투자기구등의 주식보유에 관한 승인 등에 관한 사무

7. 법 제15조의4에 따른 기관전용 사모집합투자기구등의 보고사항에 관한 사무

8. 법 제16조의2에 따른 비금융주력자의 주식보유제한 등에 관한 사무

9. 법 제16조의3에 따른 전환계획에 대한 평가 및 점검 등에 관한 사무

10. 법 제16조의4에 따른 한도초과보유주주등에 대한 적격성심사 등에 관한 사무

11. 법 제16조의5에 따른 외국은행등에 대한 특례에 관한 사무

12. 삭제 〈2016. 7. 28.〉

13. 삭제 〈2016. 7. 28.〉

14. 법 제35조에 따른 동일차주 등에 대한 신용공여의 한도에 관한 사무

15. 법 제35조의2 및 이 영 제20조의7에 따른 은행의 대주주에 대한 신용공여한도 등에 관한 사무

16. 법 제35조의3에 따른 대주주가 발행한 자본증권의 취득한도 등에 관한 사무

17. 법 제35조의4에 따른 대주주의 부당한 영향력 행사의 금지에 관한 사무

18. 법 제35조의5에 따른 대주주에 대한 자료 제출 요구 및 이에 따른 사후조치 등에 관한 사무

19. 법 제37조 및 이 영 제21조에 따른 다른 회사 등에 대한 출자제한 등에 관한 사무

20. 법 제43조의2에 따른 업무보고서 등의 제출 등에 관한 사무
21. 법 제47조에 따른 정관변경 등의 보고에 관한 사무
22. 법 제48조에 따른 검사 및 이에 따른 사후조치 등에 관한 사무
23. 법 제48조의2에 따른 대주주등에 대한 검사 및 이에 따른 사후조치 등에 관한 사무
24. 법 제53조에 따른 은행에 대한 제재에 관한 사무
25. 법 제53조의2에 따른 기관전용 사모집합투자기구등에 대한 제재 등에 관한 사무
26. 법 제54조에 따른 임직원에 대한 제재에 관한 사무
27. 법 제54조의2에 따른 퇴임한 임원 등에 대한 조치 내용의 통보에 관한 사무
28. 법 제55조 및 이 영 제24조의9에 따른 합병ㆍ해산ㆍ폐업의 인가에 관한 사무
29. 법 제58조 및 이 영 제24조의10에 따른 외국은행의 은행업 인가 등에 관한 사무
30. 법 제64조에 따른 청문에 관한 사무
31. 제4조에 따른 자료 제출 요구 등에 관한 사무

② 은행은 다음 각 호의 사무를 수행하기 위하여 불가피한 경우 「개인정보 보호법 시행령」 제19조제1호 또는 제4호에 따른 주민등록번호 또는 외국인등록번호가 포함된 자료를 처리할 수 있다. 〈신설 2014. 8. 6., 2019. 6. 25., 2019. 12. 31.〉

1. 법 제27조의2제2항제4호에 따른 보호예수에 관한 사무
2. 법 제27조의2제2항제5호에 따른 수납 및 지급대행에 관한 사무
3. 법 제27조의2제2항제11호 및 이 영 제18조제1항제4호에 따른 부수업무에 관한 사무

3의2. 법 제33조의5 및 이 영 제19조의3부터 제19조의8까지의 규정에 따른 사채등의 등록 및 말소, 등록증명서의 발급 및 회수, 등록부의 작성ㆍ비치 및 관리에 관한 사무

4. 법 제34조제2항제4호 및 이 영 제20조제1항제5호에 따른 경영의 건전성 확보를 위한 경영지도기준 준수에 관한 사무

5. 삭제 〈2021. 3. 23.〉
[본조신설 2012. 1. 6.]

제30조(규제의 재검토) 금융위원회는 다음 각 호의 사항에 대하여 다음 각 호의 기준일을 기준으로 3년마다(매 3년이 되는 해의 1월 1일 전까지를 말한다) 그 타당성을 검토하여 개선 등의 조치를 해야 한다. 〈개정 2015. 12. 30., 2016. 6. 28., 2022. 3. 8., 2025. 3. 12.〉

1. 삭제 〈2025. 3. 12.〉
2. 제20조의4에 따른 신용위험을 공유하는 자의 범위: 2014년 1월 1일
3. 제21조의2에 따른 은행의 증권에 대한 투자한도 및 업무용 부동산의 범위 등: 2014년 1월 1일

[본조신설 2013. 12. 30.]

제31조(과태료의 부과기준) 법 제69조제1항부터 제5항까지에 따른 과태료의 부과기준은 별표 4와 같다. 〈개정 2016. 6. 28., 2020. 8. 19.〉
[본조신설 2014. 2. 11.]

부칙 〈제15651호, 1998. 2. 20.〉

제1조 (시행일) 이 영은 1998년 4월 1일부터 시행한다. 다만, 제3조·제5조 내지 제11조·제14조 내지 제18조 및 제20조의 개정규정은 공포한 날부터 시행한다.

제2조 (일반적 경과조치) ①이 영 시행전에 종전의 규정에 의하여 금융통화운영위원회 또는 한국은행은행감독원장이 행한 인가·승인·결정·명령·처분 기타의 행위는 이 영에 의하여 금융감독위원회 또는 금융감독원장이 행한 행위로 본다.

②이 영 시행전에 종전의 규정에 의하여 금융통화운영위원회 또는 한국은행은행감독원장에 대하여 행한 신고·보고 기타의 행위는 이 영에 의하여 금융감독위원회 또는 금융감독원장에 대하여 행한 행위로 본다.

③이 영의 규정의 시행과 관련한 금융감독위원회 및 금융감독원장의 권한은 이 영을 공포한 날부터 1998년 3월 31일까지는 한국은행은행감독원장이 행한다.

제3조 (금융기관 주식소유제한 예외인정에 대한 경과조치) ①이 영 시행당시 청산중인 종전의 제4조제3항제2호에 해당하는 조합은 동 조합의 청산종결시까지는 제7조제1항의 개정규정에 불구하고 동항의 요건을 충족한 것으로 본다.

②금융기관이 종전의 제4조제3항제2호에 해당하는 조합의 청산으로 다른 금융기관의 주식을 취득하는 경우에는 제22조의 요건을 갖추지 아니한 경우에도 다른 금융기관의 주식을 취득할 수 있다. 이 경우 당해 주식은 취득일부터 1년이내에 이를 처분하여야 한다.

제4조 (임원자격요건에 대한 경과조치) ①대통령령 제15268호 은행법시행령중개정령 시행당시 재임중인 금융기관의 임원의 자격요건에 관하여는 그 임기만료시까지 종전의 규정(동 개정령에 의하여 개정되기전의 규정을 말한다)에 의한다.

②대통령령 제15268호 은행법시행령중개정령 시행당시 제12조의 개정규정에 의한 금융기관이 아닌 금융기관의 임원으로 재임중인 외국인 임원의 자격요건에 관하여는 그 임기만료시까지 종전의 규정에 의한다.

③이 영 시행당시 재임중인 금융기관의 임원의 자격요건에 관하여는 제13조의 개정규정에 불구하고 그 임기만료시까지의 종전의 규정에 의한다.

제5조 (동일인의 주식보유에 대한 경과조치) 대통령령 제15268호 은행법시행령중개정령 제3조의2제2호 및 제6호의 개정규정으로 동일인이 법률 제5253호 은행법중개정법률 제17조의3제1항의 개정규정에 의한 한도를 초과하는 주식을 소유하거나 사실상 지배하게 된 경우에는 2000년 2월 4일까지 법 제15조의 규정에 적합하도록 하여야 한다. 이 경우 당해 주식의 의결권 행사 범위는 법 제15조의 규정에 의하여 허용되는 한도로 제한된다.

제6조 (합작금융기관에 대한 경과조치) 대통령령 제15268호 은행법

시행령중개정령 부칙 제5조의 규정이 의하여 합작금융기관으로 보는 자는 이를 제6조제1항의 개정규정에 의한 합작금융기관으로 본다.

제7조 (한도초과대출 등에 대한 경과조치) ①대통령령 제14634호 은행법시행령중개정령 시행당시 동 개정령 제7조제2항 및 제3항의 개정규정에 의한 한도를 초과하는 대출 또는 지급보증을 한 금융기관은 1998년 4월 28일까지 동 개정규정에 적합하도록 하여야 한다. 다만, 금융감독원장의 승인을 얻은 경우에는 그러하지 아니하다.

②법률 제5253호 은행법중개정법률 부칙 제5조에 해당하는 금융기관으로서 이 영 시행당시 제10조제2항 및 제3항의 개정규정에 의한 한도를 초과하는 대출 또는 지급보증을 한 금융기관은 이 영 시행일부터 3년이내에 동 개정규정에 적합하도록 하여야 한다. 다만, 금융감독원장의 승인을 얻은 경우에는 그러하지 아니하다.

부칙 〈제15761호, 1998. 4. 1.〉 (금융감독기구의설치등에관한법률제정등에따른공사채등록법시행령등의정비에관한규정)

①(시행일) 이 영은 공포한 날부터 시행한다.

②내지 ④생략

부칙 〈제15949호, 1998. 12. 29.〉

이 영은 공포한 날부터 시행한다.

부칙 〈제16304호, 1999. 5. 12.〉

①(시행일) 이 영은 공포한 날부터 시행한다. 다만, 제10조제1항·동조제4항·제11조 및 제20조 내지 제20조의4의 개정규정(법 제35조제4항 단서의 적용을 위한 경우의 제20조의3의 개정규정을 제외한다)은 2000년 1월 1일부터 시행한다.

②(비상임이사의 자격요건에 관한 경과조치) 이 영은 시행당시 재임중인 금융기관의 비상임이사의 자격요건에 관하여는 제16조제3항의 개정규정에 불구하고 그 임기만료일까지는 종전의 규정에 의한다.

③(사채등의 발행한도등에 관한 경과조치) 이 영 시행당시 제19조

제1항의 개정규정에 의한 금융채 발행의 한도, 제21조제1항의 개정규정에 의한 자회사에의 출자한도, 제21조의2의 개정규정에 의한 유가증권투자한도등에 적합하지 아니한 금융기관은 이 영 시행일부터 1년이내에 동 개정규정에 적합하도록 하여야 한다. 다만, 금융감독원장의 승인을 얻은 경우에는 그러하지 아니하다.

부칙 〈제16308호, 1999. 5. 13.〉 (산업발전법시행령)

제1조 (시행일) 이 영은 공포한 날부터 시행한다

제2조 내지 제8조 생략

제9조 (다른 법령의 개정) ①내지 ⑪생략

⑫은행법시행령중 다음과 같이 개정한다.

제20조제1항제1호 라목중 “공업발전법 제10조의3”을 “산업발전법 제10조”로 한다.

⑬내지 ⑯생략

제10조 생략

부칙 〈제16844호, 2000. 6. 23.〉

이 영은 공포한 날부터 시행한다.

부칙 〈제17231호, 2001. 6. 8.〉

이 영은 공포한 날부터 시행한다.

부칙 〈제17717호, 2002. 8. 21.〉

이 영은 공포한 날부터 시행한다.

부칙 〈제17791호, 2002. 12. 5.〉 (기술신용보증기금법시행령)

제1조 (시행일) 이 영은 공포한 날부터 시행한다.

제2조 (다른 법령의 개정) ①내지 ㉓생략

㉔은행법시행령중 다음과 같이 개정한다.

제13조제1항제19호를 다음과 같이 한다.

19. 기술신용보증기금법

㉕내지 ㊱생략

제3조 생략

부칙 〈제18297호, 2004. 2. 28.〉 (한국주택금융공사법시행령)

제1조 (시행일) 이 영은 2004년 3월 1일부터 시행한다.

제2조 및 제3조 생략

제4조 (다른 법령의 개정) ①내지 ⑫생략

⑬은행법시행령중 다음과 같이 개정한다.

제13조제1항에 제26호를 다음과 같이 신설한다.

26. 한국주택금융공사법

제13조제3항에 제14호를 다음과 같이 신설한다.

14. 한국주택금융공사법

⑭내지 ⑳생략

제5조 생략

부칙 〈제18325호, 2004. 3. 22.〉 (간접투자자산운용업법시행령)

제1조 (시행일) ①이 영은 공포한 날부터 시행한다. 〈단서 생략〉

②생략

제2조 내지 제11조 생략

제12조 (다른 법령의 개정) ①생략

②은행법시행령중 다음과 같이 개정한다.

제18조의3제3호를 제4호로 하고 동조에 제3호를 다음과 같이 신설한다.

3. 간접투자자산운용업법 제4조제2항의 규정에 의한 자산운용회사의 업무 및 제26조의 규정에 의한 판매회사의 업무

③및 ④생략

제13조 생략

부칙 〈제18596호, 2004. 12. 3.〉 (간접투자자산운용업법시행령)

제1조 (시행일) 이 영은 2004년 12월 6일부터 시행한다.

제2조 내지 제4조 생략

제5조 (다른 법령의 개정) ①은행법시행령중 다음과 같이 개정한다.

별표의 구분란에 제6호를 다음과 같이 신설한다.

6. 한도초과보유주주가 간접투자자산운용업법에 따른 사모투자전문회사 또는 투자목적회사인 경우	가. 사모투자전문회사 또는 투자목적회사의 업무집행사원이 제1호 내지 제4호중 어느 하나에 해당하는 경우 그 해당 요건을 충족할 것 나. 외국인이 사모투자전문회사 또는 투자목적회사의 업무집행사원인 경우(외국인이 간접투자자산운용업법에 따른 사모투자전문회사의 유한책임사원으로서 사모투자전문회사 지분의 100분의 30을 초과하여 보유하는 등 사모투자전문회사 또는 투자목적회사를 사실상 지배하고 있는 경우를 포함한다)에는 제5호의 규정에 따른 요건을 충족할 것

②내지 ④생략

부칙 〈제18736호, 2005. 3. 8.〉 (사회기반시설에 대한 민간투자법 시행령)

제1조 (시행일) 이 영은 공포한 날부터 시행한다.

제2조 및 제3조 생략

제4조 (다른 법령의 개정) ①내지 ⑬생략

⑭은행법시행령 일부를 다음과 같이 개정한다.

제20조의3제1항제3호중 "사회간접자본시설사업"을 "사회기반시설사업"으로 한다.

제21조의3중 "사회간접자본시설에대한민간투자법"을 "「사회기반시

설에 대한 민간투자법」"으로 한다.

⑮내지 ㉗생략

제5조 생략

부칙 〈제18832호, 2005. 5. 26.〉 (신용정보의 이용 및 보호에 관한 법률 시행령)

제1조 (시행일) 이 영은 공포한 날부터 시행한다.

제2조 (다른 법령의 개정) ①은행법시행령 일부를 다음과 같이 개정한다.

별표의 제1호 나목중 "금융감독위원회가 정하는 신용불량자"를 "금융거래 등 상거래에 있어서 약정한 기일 내에 채무를 변제하지 아니한 자로서 금융감독위원회가 정하는 자"로 한다.

②생략

부칙 〈제19422호, 2006. 3. 29.〉 (채무자 회생 및 파산에 관한 법률 시행령)

제1조 (시행일) 이 영은 2006년 4월 1일부터 시행한다.

제2조 (다른 법령의 개정) ①내지 ⑯생략

⑰은행법시행령 일부를 다음과 같이 개정한다.

제20조의3제1항제1호중 "회사정리법에 의한 회사정리절차 또는 화의법에 의한 화의절차"를 "「채무자 회생 및 파산에 관한 법률」에 의한 회생절차"로 한다.

⑱내지 ㉖생략

부칙 〈제20331호, 2007. 10. 23.〉 (통계법 시행령)

제1조 (시행일) 이 영은 2007년 10월 28일부터 시행한다. 〈단서생략〉

제2조 (다른 법령의 개정) ① 부터 ⑳ 까지 생략

㉑ 은행법 시행령 일부를 다음과 같이 개정한다.

제1조의5제1항제1호 중 "통계법 제17조제1항"을 "「통계법」 제22

조제1항"으로 한다.

㉒ 부터 ㉜ 까지 생략

제3조 생략

부칙 〈제20653호, 2008. 2. 29.〉 (금융위원회의 설치 등에 관한 법률 시행령)

제1조(시행일) 이 영은 공포한 날부터 시행한다. 다만, 부칙 제2조에 따라 개정되는 대통령령 중 이 영의 시행 전에 공포되었으나 시행일이 도래하지 아니한 대통령령을 개정한 부분은 각각 해당 대통령령의 시행일부터 시행한다.

제2조(다른 법령의 개정) ① 부터 ㉙ 까지 생략

㉚ 은행법시행령 일부를 다음과 같이 개정한다.

제1조의2 각 호 외의 부분, 제1조의3제1항 각 호 외의 부분ㆍ제2항 각 호 외의 부분, 제1조의6제2호, 제1조의7제2항, 제4조의2제2항, 제8조제1항부터 제4항까지, 제11조의2제2항ㆍ제3항, 제11조의3 본문, 제13조제4항제2호ㆍ제3호, 제17조제2항ㆍ제3항, 제17조의2제1항제9호ㆍ제3항, 제17조의3제3항, 제20조의3제1항제3호ㆍ제2항제5호, 제20조의4제3호, 제20조의5제4항 각 호 외의 부분ㆍ제5호ㆍ제5항 후단ㆍ제7항, 제20조의6제3항 단서ㆍ제5항, 제20조의8제1항제2호, 제21조제2항 각 호 외의 부분ㆍ제4항 단서ㆍ제5항 각 호 외의 부분 단서ㆍ제7항제2호ㆍ제8항ㆍ제9항, 제21조의2제2항 단서, 제24조의3제1항제4호ㆍ제2항, 제24조의4제1항 각 호 외의 부분ㆍ제2항 각 호 외의 부분ㆍ제4항, 제24조의5제1항ㆍ제2항 각 호 외의 부분ㆍ제3항, 제26조 각 호 외의 부분, 제26조의2제1항부터 제3항까지, 제26조의3제3항, 제26조의6제1항 각 호 외의 부분ㆍ제1호ㆍ제2항 각 호 외의 부분ㆍ제2호, 제27조제2항 전단ㆍ제3항, 별표 제1호가목ㆍ나목ㆍ마목 단서ㆍ마목 (1) 단서 및 제3호가목ㆍ나목, 제5호가목ㆍ라목 전단 중 "금융감독위원회"를 각각 "금융위원회"로 한다.

제13조제1항제25호를 다음과 같이 한다.

25. 「금융위원회의 설치 등에 관한 법률」

제18조의2제4호 중 "재정경제부장관이"를 "금융위원회가"로 한다.

제18조의3제4호 중 "재정경제부령"을 "총리령"으로 한다.

제24조의2 중 "금융감독기구의설치등에관한법률시행령"을 "「금융위원회의 설치 등에 관한 법률 시행령」"으로 한다.

별표 제1호 각 목 외의 부분 중 "금융감독기구의설치등에관한법률"을 "「금융위원회의 설치 등에 관한 법률」"로 한다.

㉛ 부터 ㊾ 까지 생략

부칙 〈제20947호, 2008. 7. 29.〉 (자본시장과 금융투자업에 관한 법률 시행령)

제1조(시행일) 이 영은 2009년 2월 4일부터 시행한다. 〈단서 생략〉

제2조 부터 제25조까지 생략

제26조(다른 법령의 개정) ① 부터 〈80〉 까지 생략

〈81〉 은행법시행령 일부를 다음과 같이 개정한다.

제13조제1항제7호를 다음과 같이 하고, 같은 항 제9호부터 제12호까지 및 제24호를 각각 삭제한다.

7. 「자본시장과 금융투자업에 관한 법률」

제13조제3항제4호를 다음과 같이 하고, 같은 항 제5호부터 제8호까지를 각각 삭제한다.

4. 「자본시장과 금융투자업에 관한 법률」

제18조의3제1호 중 "신탁업법에 의한"을 "「자본시장과 금융투자업에 관한 법률」에 따른"으로 하고, 같은 조 제3호를 다음과 같이 한다.

3. 「자본시장과 금융투자업에 관한 법률」에 따른 집합투자업 및 집합투자증권에 대한 투자매매업 또는 투자중개업

제19조제5항을 삭제한다.

제20조의5제6항 중 "증권거래법 제2조제3항 및 제4항의 규정에 의한"을 "「자본시장과 금융투자업에 관한 법률」 제9조제7항 및 제9항에 따른"으로 한다.

제20조의6제4항 중 "증권거래법에 의한 유가증권시장·협회중개시장"을 "「자본시장과 금융투자업에 관한 법률」에 따른 증권시장"으로 한다.

제24조의4제1항제4호 및 같은 조 제2항제3호 중 "증권거래법"을 각각 "「자본시장과 금융투자업에 관한 법률」"로 한다.

별표 제1호의 구분란 중 "증권투자회사법에 의한 증권투자회사를"을 "「자본시장과 금융투자업에 관한 법률」에 따른 투자회사·투자유한회사·투자합자회사 및 투자조합은"으로 하고, 같은 표 제2호의 구분란 중 "증권투자회사법에 의한 증권투자회사"를 "「자본시장과 금융투자업에 관한 법률」에 따른 투자회사·투자유한회사·투자합자회사 및 투자조합"으로 하며, 같은 호의 요건란의 가목 중 "자산운용회사(증권투자회사법 제2조제2호의 규정에 의한 자산운용회사를 말한다)"를 "집합투자업자(「자본시장과 금융투자업에 관한 법률」 제8조제4항에 따른 집합투자업자를 말한다)"로 하고, 같은 표 제5호의 요건란의 가목 중 "증권업"을 "투자매매업·투자중개업"으로 하며, 같은 표 제6호의 구분란 및 요건란의 나목 중 "간접투자자산운용업법"을 각각 "「자본시장과 금융투자업에 관한 법률」"로 한다.

〈82〉 부터 〈113〉 까지 생략

제27조 및 제28조 생략

부칙 〈제21154호, 2008. 12. 3.〉

이 영은 공포한 날부터 시행한다.

부칙 〈제21518호, 2009. 5. 29.〉 (한국정책금융공사법 시행령)

제1조(시행일) 이 영은 2009년 6월 1일부터 시행한다.

제2조 생략

제3조(다른 법령의 개정) ① 부터 ⑱ 까지 생략

은행법 시행령 일부를 다음과 같이 개정한다.

제13조제1항제5호를 다음과 같이 한다.

5.「한국정책금융공사법」

⑳ 부터 ㉕ 까지 생략

부칙 〈제21765호, 2009. 10. 1.〉 (신용정보의 이용 및 보호에 관한 법률 시행령)

제1조(시행일) 이 영은 공포한 날부터 시행한다.

제2조 및 제3조 생략

제4조(다른 법령의 개정) ① 부터 ⑳ 까지 생략

㉑ 은행법 시행령 일부를 다음과 같이 개정한다.

제13조제1항제23호 및 제13조제3항제12호 중 "신용정보의이용및보호에관한법률"을 "「신용정보의 이용 및 보호에 관한 법률」"로 한다.

제20조의8제1항제3호 중 "신용정보의이용및보호에관한법률에 의한 신용평가업무를 영위하는 신용정보업자"를 "「신용정보의 이용 및 보호에 관한 법률」에 따른 신용평가업무를 수행하는 신용평가회사"로 한다.

㉒ 부터 ㉛ 까지 생략

제5조 생략

부칙 〈제21775호, 2009. 10. 9.〉

제1조(시행일) 이 영은 2009년 10월 10일부터 시행한다.

제2조(적용례) 제4조의2제3항 및 제4항의 개정규정은 이 영 시행 후 최초로 보고사유에 해당하게 된 경우부터 적용한다.

제3조(다른 법령의 개정) ① 선주상호보험조합법 시행령 일부를 다음과 같이 개정한다.

제3조제2호 중 "은행법시행령 제16조제1항제2호·제3호·제5호 내지 제22호에 규정된 법령"을 "「은행법 시행령」 제13조제1항제1호부터 제35호까지의 법령"으로 하고, 같은 조 제3호 및 제4호를 각각 삭제한다.

② 여신전문금융업법 시행령 일부를 다음과 같이 개정한다.

제6조제2호 중 "제26호까지"를 "제35호까지"로 하고, 같은 조 제

3호 및 제4호를 각각 삭제한다.

부칙 〈제22151호, 2010. 5. 4.〉 (전자정부법 시행령)

제1조(시행일) 이 영은 2010년 5월 5일부터 시행한다.

제2조 및 제3조 생략

제4조(다른 법령의 개정) ① 부터 〈123〉 까지 생략

〈124〉 은행법 시행령 일부를 다음과 같이 개정한다.

제8조제5항 각 호 외의 부분 본문 중 "「전자정부법」 제21조제1항"을 "「전자정부법」 제36조제1항"으로 한다.

〈125〉 부터 〈192〉 까지 생략

부칙 〈제22493호, 2010. 11. 15.〉

제1조(시행일) 이 영은 2010년 11월 18일부터 시행한다.

제2조(광고에 대한 준법감시인 사전확인에 관한 적용례) 제24조의5제1항제4호의 개정규정은 이 영 시행 후 최초로 행하는 은행상품의 광고부터 적용한다.

제3조(외국어 상호 사용 제한에 관한 경과조치) 이 영 시행 당시 제3조의4를 위반하여 상호를 사용하고 있는 자는 이 영 시행일부터 6개월까지는 그 상호를 사용할 수 있다.

제4조(다른 법령의 개정) ① 2011대구세계육상선수권대회, 2014인천아시아경기대회 및 2015광주하계유니버시아드대회 지원법 시행령 일부를 다음과 같이 개정한다.

제3조제2항제1호 중 "금융기관"을 "은행"으로 한다.

② 2012여수세계박람회 지원특별법 시행령 일부를 다음과 같이 개정한다.

제4조제2항제1호 중 "금융기관"을 "은행"으로 한다.

③ 5 · 18민주유공자예우에 관한 법률 시행령 일부를 다음과 같이 개정한다.

제42조제1항 후단 및 제60조제3항 중 "금융기관"을 각각 "은행"으로 한다.

④ 건설근로자의 고용개선 등에 관한 법률 시행령 일부를 다음과 같이 개정한다.

제17조제1항 중 "금융기관"을 "은행"으로 한다.

⑤ 건설산업기본법 시행령 일부를 다음과 같이 개정한다.

제82조제2호 중 "금융기관"을 "은행"으로 한다.

⑥ 건축물의 분양에 관한 법률 시행령 일부를 다음과 같이 개정한다.

제4조제1항제2호 중 "금융기관"을 "은행"으로 한다.

⑦ 건축법 시행령 일부를 다음과 같이 개정한다.

제10조의2제1항제2호 중 "금융기관"을 "은행"으로 한다.

⑧ 고용보험법 시행령 일부를 다음과 같이 개정한다.

제105조제2항 및 제108조제1호 중 "금융기관"을 각각 "은행"으로 한다.

⑨ 공공자금관리기금법 시행령 일부를 다음과 같이 개정한다.

제11조제1항제1호 중 "금융기관"을 "은행"으로 한다.

⑩ 공기업의경영구조개선및민영화에관한법률 시행령 일부를 다음과 같이 개정한다.

제9조제1호 중 "금융기관"을 "은행"으로 한다.

⑪ 공무원연금법 시행령 일부를 다음과 같이 개정한다.

제19조제2항 중 "금융기관"을 "은행"으로 한다.

⑫ 공무원 직무발명의 처분ㆍ관리 및 보상 등에 관한 규정 일부를 다음과 같이 개정한다.

제11조제2항제6호단서 중 "금융기관"을 "은행"으로 한다.

⑬ 공인중개사의 업무 및 부동산 거래신고에 관한 법률 시행령 일부를 다음과 같이 개정한다.

제27조제1항제1호 중 "금융기관"을 "은행"으로 한다.

⑭ 공인회계사법 시행령 일부를 다음과 같이 개정한다.

제4조제2항제1호 중 "금융기관"을 "은행"으로 한다.

⑮ 과학기술기본법 시행령 일부를 다음과 같이 개정한다.

제35조제1호 중 "금융기관"을 "은행"으로 한다.

⑯ 관세법 시행령 일부를 다음과 같이 개정한다.

제56조제2항 중 “금융기관”을 각각 “은행”으로 한다.

⑰ 국가과학기술 경쟁력강화를 위한 이공계지원특별법 시행령 일부를 다음과 같이 개정한다.

제8조제3항 중 “금융기관”을 “은행”으로 한다.

⑱ 국가를 당사자로 하는 계약에 관한 법률 시행령 일부를 다음과 같이 개정한다.

제37조제2항 각 호 외의 부분 중 “금융기관”을 “은행”으로 하고, 같은 항 제1호 중 “외국금융기관”을 “외국은행”으로 한다.

⑲ 국가유공자 등 예우 및 지원에 관한 법률 시행령 일부를 다음과 같이 개정한다.

제32조의2제1항 본문 및 단서, 제73조제1항 후단 및 제102조제4항 중 중 “금융기관”을 각각 “은행”으로 한다.

⑳ 국가재정법 시행령 일부를 다음과 같이 개정한다.

제46조제4항제1호 중 “금융기관”을 “은행”으로, “외국금융기관”을 “외국은행”으로 한다.

㉑ 국가채권관리법시행령 일부를 다음과 같이 개정한다.

제26조 중 “금융기관”을 “은행”으로 한다.

㉒ 국고금관리법 시행령 일부를 다음과 같이 개정한다.

제11조제1항제1호 및 제71조제2항 중 “금융기관”을 각각 “은행”으로 한다.

㉓ 국민건강보험법 시행령 일부를 다음과 같이 개정한다.

제11조제1호, 제2호 및 제6호 중 “금융기관”을 각각 “은행”으로 한다.

㉔ 국민연금과 직역연금의 연계에 관한 법률 시행령 일부를 다음과 같이 개정한다.

제4조제2항제1호 중 “금융기관”을 “은행”으로 한다.

㉕ 국민연금법 시행령 중 일부를 다음과 같이 개정한다.

제42조제2항 및 제74조제1항제1호 중 “금융기관”을 각각 “은행”으로 한다.

㉖ 국유재산법 시행령 일부를 다음과 같이 개정한다.

제10조제1항제1호 중 "금융기관"을 "은행"으로, "외국금융기관"을 "외국은행"으로 한다.

제13조제3항제1호 중 "외국금융기관"을 "외국은행"으로 한다.

제38조제2항제2호 중 "금융기관"을 각각 "은행"으로 한다.

제40조제3항제7호나목 중 "금융기관"을 각각 "은행"으로 한다.

㉗ 군인복지기금법시행령 일부를 다음과 같이 개정한다.

제12조제1항제1호 중 "금융기관"을 "은행"으로 한다.

㉘ 군인연금법 시행령 일부를 다음과 같이 개정한다.

제26조제1항제2호 본문 중 "금융기관"을 "은행"으로 한다.

㉙ 근로자복지기본법 시행령 일부를 다음과 같이 개정한다.

제17조의3제1항제1호 중 "금융기관"을 "은행"으로 한다.

㉚ 근로자퇴직급여 보장법 시행령 일부를 다음과 같이 개정한다.

제17조제1항제1호가목 중 "금융기관"을 "은행"으로 한다.

㉛ 금융기관부실자산 등의 효율적 처리 및 한국자산관리공사의 설립에 관한 법률 시행령 일부를 다음과 같이 개정한다.

제2조제4호 중 "외국금융기관"을 '외국은행"으로 한다.

㉜ 금융산업의 구조개선에 관한 법률 시행령 일부를 다음과 같이 개정한다.

제5조 중 "「은행법」에 따른 금융기관"을 "「은행법」에 따른 은행"으로, "그 금융기관"을 "그 은행"으로 한다.

제5조의3제1항제1호 중 "금융기관"을 "은행"으로 한다.

㉝ 금융지주회사법 시행령 일부를 다음과 같이 개정한다.

제3조제2항제2호 중 "금융기관"을 "은행"으로 하고, 같은 항 제3호가목 중 "「은행법」 제37조제2항제1호에 따른 금융기관의 자회사"를 "「은행법」 제37조제2항 각 호 외의 부분 단서에 따른 은행의 자회사등"으로 한다.

㉞ 기업구조조정투자회사법 시행령 일부를 다음과 같이 개정한다.

제3조제1호 및 제2호 중 "금융기관"을 각각 "은행"으로 한다.

㉟ 기업도시개발특별법 시행령 일부를 다음과 같이 개정한다.

제21조 중 “「은행법」 제2조제1항제2호의 금융기관(이하 "금융기관"이라 한다)”을 “「은행법」 제2조제1항제2호에 따른 은행(이하 "은행"이라 한다)”으로 한다.

제24조제1항 중 “금융기관”을 “은행”으로 한다.

㊱ 농림수산식품투자조합 결성 및 운용에 관한 법률 시행령 일부를 다음과 같이 개정한다.

제6조제2항제1호사목 중 “「은행법」 제2조제2호에 따른 금융기관”을 “「은행법」 제2조제1항제2호에 따른 은행”으로 한다.

㊲ 농림수산업자 신용보증법 시행령 일부를 다음과 같이 개정한다.

제9조의3제1호 중 “금융기관”을 “은행”으로 한다.

㊳ 농어업재해보험법 시행령 일부를 다음과 같이 개정한다.

제20조제1호 중 “금융기관”을 “은행”으로 한다.

㊴ 농어촌정비법 시행령 일부를 다음과 같이 개정한다.

제65조제6호가목 중 “금융기관”을 “은행”으로 한다.

㊵ 농업협동조합법 시행령 일부를 다음과 같이 개정한다.

제5조제2호, 제9조제1항제1호, 제12조제2호 전단 및 제22조제1호 중 “금융기관”을 각각 “은행”으로 한다.

㊶ 농지법 시행령 일부를 다음과 같이 개정한다.

제41조제3항 전단 중 “금융기관”을 “은행”으로 한다.

㊷ 대도시권 광역교통관리에 관한 특별법 시행령 일부를 다음과 같이 개정한다.

제16조의2제3항 단서 중 “금융기관”을 “은행”으로 한다.

㊸ 댐건설 및 주변지역지원 등에 관한 법률 시행령 일부를 다음과 같이 개정한다.

제21조제3항 중 “금융기관”을 “은행”으로 한다.

㊹ 도시개발법 시행령 일부를 다음과 같이 개정한다.

제46조 중 “「은행법」 제2조제1항제2호의 금융기관(이하 "금융기관"이라 한다)”을 “「은행법」 제2조제1항제2호에 따른 은행(이하 "은행"이라 한다)”으로 한다.

제49조제1항 및 제83조제4항 중 “금융기관”을 각각 “은행”으로

한다.

㊺ 문화산업진흥 기본법 시행령 일부를 다음과 같이 개정한다.

제3조의2제1호 중 "금융기관"을 "은행"으로 한다.

㊻ 문화재보호기금법 시행령 일부를 다음과 같이 개정한다.

제6조제1호 중 "금융기관"을 "은행"으로 한다.

㊼ 방문판매 등에 관한 법률 시행령 일부를 다음과 같이 개정한다.

제42조제1항제8호 중 "「은행법」 제2조제2호의 규정에 의한 금융기관"을 "「은행법」 제2조제1항제2호에 따른 은행"으로 한다.

㊽ 배타적 경제수역에서의 외국인어업 등에 대한 주권적 권리의 행사에 관한 법률 시행령 일부를 다음과 같이 개정한다.

제4조제4항 중 "「은행법」 제3조의 규정에 의한 금융기관"을 "「은행법」 제2조제1항제2호에 따른 은행"으로 한다.

㊾ 백두대간 보호에 관한 법률 시행령 일부를 다음과 같이 개정한다.

제11조의4제2항 중 "금융기관"을 "은행"으로 한다.

㊿ 법인세법 시행령 일부를 다음과 같이 개정한다.

제61조제2항제1호 중 "금융기관"을 "은행"으로 한다.

〈51〉 벤처기업육성에 관한 특별조치법 시행령 일부를 다음과 같이 개정한다.

제2조제4호 중 "금융기관"을 "은행"으로, "외국금융기관"을 "외국은행"으로 한다.

제2조의3제2항제4호 중 "금융기관"을 "은행"으로 한다.

〈52〉 별정우체국법 시행령 일부를 다음과 같이 개정한다.

제36조제1항제2호 및 제41조제2항 중 "금융기관"을 각각 "은행"으로 한다.

〈53〉 보험업법 시행령 일부를 다음과 같이 개정한다.

제53조제3항제1호, 제58조제2항제1호 및 제83조제1호 중 "금융기관"을 각각 "은행"으로 한다.

〈54〉 보훈기금법 시행령 일부를 다음과 같이 개정한다.

제7조제1호 및 제23조제3항 중 "금융기관"을 각각 "은행"으로 한다.

〈55〉 부동산개발업의 관리 및 육성에 관한 법률 시행령 일부를 다음과 같이 개정한다.

제9조제2항제3호 중 "금융기관"을 "은행"으로 한다.

별표 1 부동산개발 금융의 부동산개발 전문인력의 범위란 제3호 중 "금융기관"을 "은행"으로 한다.

〈56〉 부품·소재전문기업 등의 육성에 관한 특별조치법 시행령 일부를 다음과 같이 개정한다.

제7조제3항제1호 중 "금융기관"을 "은행"으로 한다.

〈57〉 사립학교교직원 연금법 시행령 중 일부를 다음과 같이 개정한다.

제20조제2항 및 제87조의2제1항제1호 중 "금융기관"을 각각 "은행"으로 한다.

〈58〉 산림조합법 시행령 일부를 다음과 같이 개정한다.

제8조제2호, 제11조제1항제1호, 제12조제2호 및 제20조제1호 중 "금융기관"을 각각 "은행"으로 한다.

〈59〉 산업발전법 시행령 일부를 다음과 같이 개정한다.

제19조제7항제4호 중 "금융기관"을 "은행"으로 한다.

〈60〉 산업재해보상보험법 시행령 일부를 다음과 같이 개정한다.

제86조제2항 전단 및 제93조제2항 중 "금융기관"을 각각 "은행"으로 한다.

〈61〉 상법 시행령 일부를 다음과 같이 개정한다.

제13조제6항제1호 중 "금융기관"을 "은행"으로 한다.

〈62〉 석유 및 석유대체연료 사업법 시행령 일부를 다음과 같이 개정한다.

제27조제4항 중 "금융기관"을 각각 "은행"으로 한다.

〈63〉 세무사법 시행령 일부를 다음과 같이 개정한다.

제14조의2제1항제4호 및 제14조의7제5항 중 "금융기관"을 각각 "은행"으로 한다.

〈64〉 소기업 및 소상공인 지원을 위한 특별조치법 시행령 일부를 다음과 같이 개정한다.

제4조제2항제11호 중 "금융기관"을 "은행"으로 한다.

〈65〉 소득세법 시행령 일부를 다음과 같이 개정한다.

제190조제1호 본문 중 "금융기관"을 "은행"으로 한다.

〈66〉 수산업법 시행령 일부를 다음과 같이 개정한다.

제58조제1호 및 제81조 중 "금융기관"을 각각 "은행"으로 한다.

〈67〉 수산업협동조합법 시행령 일부를 다음과 같이 개정한다.

제15조제3호, 제21조제3항제1호, 제25조제2호 및 제30조제2호 중 "금융기관"을 각각 "은행"으로 한다.

〈68〉 수입인지에관한법률시행령 일부를 다음과 같이 개정한다.

제6조제1호 중 "금융기관"을 "은행"으로 한다.

〈69〉 신용정보의 이용 및 보호에 관한 법률 시행령 일부를 다음과 같이 개정한다.

제5조제1항제1호 중 "금융기관"을 각각 "은행"으로 한다.

〈70〉 신용협동조합법 시행령 일부를 다음과 같이 개정한다.

제16조의4제2항제3호 중 "금융기관"을 "은행"으로 한다.

〈71〉 어선원 및 어선 재해보상보험법 시행령 일부를 다음과 같이 개정한다.

제16조제1항제1호, 제3호 및 제35조제2항제3호 중 "금융기관"을 각각 "은행"으로 한다.

〈72〉 에너지 및 자원사업 특별회계법 시행령 일부를 다음과 같이 개정한다.

제2조제2호가목 중 "금융기관"을 "은행"으로 한다.

〈73〉 엔지니어링기술진흥법시행령 일부를 다음과 같이 개정한다.

제30조제1항 단서 중 "금융기관"을 "은행"으로 한다.

〈74〉 여신전문금융업법 시행령 일부를 다음과 같이 개정한다.

제3조제1항제1호 중 "금융기관"을 "은행"으로 한다.

제6조제2호 중 "제35호"를 "제46호"로 한다.

제9조제1호 중 "금융기관"을 "은행"으로 한다.

〈75〉 외국환거래법 시행령 일부를 다음과 같이 개정한다.

제14조제1호 중 "금융기관"을 "은행"으로 한다.

〈76〉 의사상자 등 예우 및 지원에 관한 법률 시행령 일부를 다음과 같이 개정한다.

제15조제2항 본문 중 "금융기관"을 "은행"으로 한다.

〈77〉 인지세법 시행령 일부를 다음과 같이 개정한다.

제2조의2제1호 및 제6조제1항 본문 중 "금융기관"을 각각 "은행"으로 한다.

〈78〉 자본시장과 금융투자업에 관한 법률 시행령 일부를 다음과 같이 개정한다.

제10조제2항제1호 중 "금융기관"을 "은행"으로 한다.

제16조제1항제6호 및 같은 조 제10항 중 "외국금융기관"을 각각 "외국은행"으로 한다.

제272조제4항 중 제1호 중 "「은행법 시행령」 제18조의2제3호"를 "「은행법」 제27조제2항제3호"로 하고, 같은 항 제2호 중 "「은행법 시행령」 제18조의2제4호"를 "「은행법」 제27조의2에 따른 부수업무 및 같은 법 제28조제1항제2호"로 하며, 같은 항 제3호 중 "「은행법 시행령」 제18조의3제2호"를 "「은행법 시행령」 제18조의2제16호"로 하고, 같은 항 제4호 중 "「은행법 시행령」 제18조의3제4호"를 "「은행법 시행령」 제18조의2제2항제7호, 제12호, 제14호 및 제18호, 같은 조 제4항제1호, 제2호 및 제8호"로 한다.

제299조제2항 단서 중 "「은행법」에 따른 금융기관"을 "「은행법」에 따른 은행"으로 한다.

〈79〉 장애인고용촉진 및 직업재활법 시행령 일부를 다음과 같이 개정한다.

제69조제4항 중 "금융기관"을 각각 "은행"으로 한다.

〈80〉 장애인연금법 시행령 일부를 다음과 같이 개정한다.

제11조제1항, 제6항 및 제13조제2항 전단 중 "금융기관"을 각각 "은행"으로 한다.

〈81〉 재해위험 개선사업 및 이주대책에 관한 특별법 시행령 일부를 다음과 같이 개정한다.

제19조 중 “「은행법」 제2조에 따른 금융기관(이하 "금융기관"이라 한다)”을 “「은행법」 제2조제1항제2호에 따른 은행(이하 "은행"이라 한다)”으로 한다.

제22조제1항 중 “금융기관”을 “은행”으로 한다.

〈82〉 전자상거래 등에서의 소비자보호에 관한 법률 시행령 일부를 다음과 같이 개정한다.

제19조의2제3항제8호 중 “「은행법」 제2조제2호의 규정에 따른 금융기관”을 “「은행법」 제2조제1항제2호에 따른 은행”으로 한다.

〈83〉 전파법 시행령 일부를 다음과 같이 개정한다.

별표 1 비고 제2호 중 “금융기관”을 “은행”으로 한다.

〈84〉 제대군인지원에 관한 법률 시행령 일부를 다음과 같이 개정한다.

제29조 본문 및 제34조제3항 중 “금융기관”을 각각 “은행”으로 한다.

〈85〉 조세특례제한법 시행령 일부를 다음과 같이 개정한다.

제18조제2항제1호, 제80조제1항제1호가목 및 제104조제1항제1호 중 “금융기관”을 각각 “은행”으로 한다.

〈86〉 주식회사의 외부감사에 관한 법률 시행령 일부를 다음과 같이 개정한다.

제2조제2항제4호 본문, 제7조의2제1항제4호 및 제17조제1호 중 “금융기관”을 각각 “은행”으로 한다.

〈87〉 주택법 시행령 일부를 다음과 같이 개정한다.

제25조제3항제2호 후단, 제44조제2항제1호가목, 제60조제1항 각 호 외의 부분 및 제95조제5항제5호 중 “금융기관”을 각각 “은행”으로 한다.

〈88〉 중소기업수출지원센터의설치및운용등에관한규정 일부를 다음과 같이 개정한다.

제2조제16호 중 “금융기관”을 각각 “은행”으로 한다.

〈89〉 중소기업진흥에 관한 법률 시행령 일부를 다음과 같이 개정한다.

제39조제8호 중 "금융기관"을 "은행"으로 한다.

〈90〉 중소기업창업 지원법 시행령 일부를 다음과 같이 개정한다.

제10조제4항제1호라목2)다) 중 "금융기관"을 "은행"으로, "외국금융기관"을 "외국은행"으로 한다.

〈91〉 지방재정법 시행령 일부를 다음과 같이 개정한다.

제103조제1항 중 "다른 금융기관"을 "은행"으로 하고, 같은 조 제2항 중 "「은행법」에 의한 금융기관"을 "「은행법」에 따른 은행"으로 한다.

제126조제2항 중 "금융기관"을 "은행"으로 한다.

〈92〉 지역균형개발 및 지방중소기업 육성에 관한 법률 시행령 일부를 다음과 같이 개정한다.

제25조제2항제2호가목 중 "금융기관"을 "은행"으로 한다.

〈93〉 지역신용보증재단법 시행령 일부를 다음과 같이 개정한다.

제5조의2제3항 중 "「은행법」 제47조"를 "「은행법」 제43조의2"로 한다.

제24조의2제1항제4호 중 "금융기관"을 각각 "은행"으로 한다.

〈94〉 참전유공자예우 및 단체설립에 관한 법률 시행령 일부를 다음과 같이 개정한다.

제8조제1항 본문 및 단서 중 "금융기관"을 각각 "은행"으로 한다.

〈95〉 축산법 시행령 일부를 다음과 같이 개정한다.

제20조제1항 본문 및 제24조제1호 중 "금융기관"을 각각 "은행"으로 한다.

〈96〉 취업 후 학자금 상환 특별법 시행령 일부를 다음과 같이 개정한다.

제2조 중 "「은행법」 제2조제1항제2호에 따른 금융기관"을 "「은행법」 제2조제1항제2호에 따른 은행"으로 한다.

〈97〉 토지임대부 분양주택 공급촉진을 위한 특별조치법 시행령 일부를 다음과 같이 개정한다.

제2조제1항제1호, 제2호 전단, 제3조 및 제8조제1항 전단 중 "금융기관"을 각각 "은행"으로 한다.

〈98〉 특수임무수행자 지원 및 단체설립에 관한 법률 시행령 일부를 다음과 같이 개정한다.

제45조제1항 후단 및 제66조제2항 중 "금융기관"을 각각 "은행"으로 한다.

〈99〉 특정 금융거래정보의 보고 및 이용 등에 관한 법률 시행령 일부를 다음과 같이 개정한다.

제15조제2항제7호가목 중 "금융기관"을 "은행"으로 한다.

〈100〉 폐기물처리시설 설치촉진 및 주변지역지원 등에 관한 법률 시행령 일부를 다음과 같이 개정한다.

제26조제2항 중 "금융기관"을 "은행"으로 한다.

〈101〉 포뮬러원 국제자동차경주대회 지원법 시행령 일부를 다음과 같이 개정한다.

제3조제2항제1호 중 "금융기관"을 "은행"으로 한다.

〈102〉 풍수해보험법 시행령 일부를 다음과 같이 개정한다.

제15조제1항제1호 및 제3호 중 "금융기관"을 각각 "은행"으로 한다.

〈103〉 한국광물자원공사법 시행령 일부를 다음과 같이 개정한다.

제10조제2항제4호 중 "금융기관"을 "은행"으로 한다.

〈104〉 한국농어촌공사 및 농지관리기금법 시행령 일부를 다음과 같이 개정한다.

제27조 중 "「은행법」 제2조제1항제2호에 따른 금융기관"을 "「은행법」 제2조제1항제2호에 따른 은행"으로 한다.

〈105〉 한국수자원공사법 시행령 일부를 다음과 같이 개정한다.

제29조제2항 중 "금융기관"을 "은행"으로 한다.

〈106〉 한국정책금융공사법 시행령 일부를 다음과 같이 개정한다.

제11조제3항제1호 중 "금융기관"을 "은행"으로 한다.

〈107〉 한국조폐공사법 시행령 일부를 다음과 같이 개정한다.

제10조제3호 중 "금융기관"을 "은행"으로, "외국금융기관"을 "외국은행"으로 한다.

〈108〉 한국지방자치단체국제화재단 육성법 시행령 일부를 다음과 같이 개정한다.

제2조제1항제1호가목 및 같은 항 제2호 중 "금융기관"을 각각 "은행"으로 한다.

〈109〉 한국토지주택공사법 시행령 일부를 다음과 같이 개정한다.

제36조제1호 중 "금융기관"을 "은행"으로 한다.

〈110〉 한국투자공사법 시행령 일부를 다음과 같이 개정한다.

제3조제1항제3호 중 "「은행법」에 의한 금융기관"을 "「은행법」에 따른 은행"으로 한다.

〈111〉 항공법 시행령 일부를 다음과 같이 개정한다.

제38조제1항제6호 중 "금융기관"을 "은행"으로 한다.

〈112〉 항만인력공급체제의 개편을 위한 지원특별법 시행령 일부를 다음과 같이 개정한다.

제3조 중 "금융기관"을 각각 "은행"으로 한다.

〈113〉 해외자원개발 사업법 시행령 일부를 다음과 같이 개정한다.

제15조제2항 후단 중 "「은행법」상의 금융기관"을 "「은행법」에 따른 은행"으로 한다.

〈114〉 허베이 스피리트호 유류오염사고 피해주민의 지원 및 해양환경의 복원 등에 관한 특별법 시행령 일부를 다음과 같이 개정한다.

제22조 중 "금융기관"을 "은행"으로 한다.

〈115〉 혈액관리법 시행령 일부를 다음과 같이 개정한다.

제9조제2항 중 "금융기관"을 "은행"으로 한다.

제5조(다른 법령과의 관계) 이 영 시행 당시 다른 법령에서 종전의 「은행법 시행령」의 규정을 인용한 경우에 이 영 가운데 그에 해당하는 규정이 있으면 종전의 규정을 갈음하여 이 영의 해당 규정을 인용한 것으로 본다.

부칙 〈제22577호, 2010. 12. 30.〉 (법인세법 시행령)

제1조(시행일) 이 영은 2011년 1월 1일부터 시행한다. 〈단서 생략〉

제2조 부터 제20조까지 생략

제21조(다른 법령의 개정) ① 은행법 시행령 일부를 다음과 같이 개정한다.

제1조의4제2항제1호 단서 중 "「법인세법」 제51조의2제1항제6호"를 "「법인세법」 제51조의2제1항제9호"로 한다.

② 생략

부칙 〈제23427호, 2011. 12. 28.〉

제1조(시행일) 이 영은 공포한 날부터 시행한다. 다만, 제1조의2의 개정규정은 2013년 1월 1일부터 시행한다.

제2조(임원 자격요건의 적용대상의 적용례) 제12조의 개정규정은 이 영 시행 후 최초로 선임되는 사람부터 적용한다.

부칙 〈제23488호, 2012. 1. 6.〉 (민감정보 및 고유식별정보 처리 근거 마련을 위한 과세자료의 제출 및 관리에 관한 법률 시행령 등 일부개정령)

제1조(시행일) 이 영은 공포한 날부터 시행한다. 〈단서 생략〉

제2조 생략

부칙 〈제23644호, 2012. 2. 29.〉 (대학교원 자격기준 등에 관한 규정)

제1조(시행일) 이 영은 공포한 날부터 시행한다. 다만, · · · 〈생략〉 · · · 부칙 제2조 및 제3조의 개정규정은 2012년 7월 22일부터 시행한다.

제2조 생략

제3조(다른 법령의 개정) ①부터 ㊾까지 생략

㊿ 은행법 시행령 일부를 다음과 같이 개정한다.

제17조제1항제2호 중 "전임강사"를 "조교수"로 한다.

〈51〉부터 〈69〉까지 생략

제4조 생략

부칙 〈제24658호, 2013. 7. 8.〉

이 영은 공포한 날부터 시행한다.

부칙 〈제24697호, 2013. 8. 27.〉 (자본시장과 금융투자업에 관한 법률 시행령)

제1조(시행일) 이 영은 2013년 8월 29일부터 시행한다. 〈단서 생략〉

제2조 부터 제11조까지 생략

제12조(다른 법령의 개정) ①부터 ㉖까지 생략

㉗ 은행법 시행령 일부를 다음과 같이 개정한다.

제20조의8제1항제3호 중 "「신용정보의 이용 및 보호에 관한 법률」에 따른 신용평가업무를 수행하는 신용평가회사"를 "「자본시장과 금융투자업에 관한 법률」 제335조의3에 따라 신용평가업인가를 받은 신용평가회사"로 한다.

㉘부터 ㉟까지 생략

제13조 생략

부칙 〈제24722호, 2013. 9. 9.〉

이 영은 공포한 날부터 시행한다.

부칙 〈제25050호, 2013. 12. 30.〉 (행정규제기본법 개정에 따른 규제 재검토기한 설정을 위한 주택법 시행령 등 일부개정령)

이 영은 2014년 1월 1일부터 시행한다. 〈단서 생략〉

부칙 〈제25176호, 2014. 2. 11.〉

이 영은 2014년 2월 14일부터 시행한다. 다만, 제3조의3제2호, 제18조제1항제2호 및 제18조의2제4항제8호·제9호의 개정규정은 공포한 날부터 시행하고, 제24조의4제1항의 개정규정은 2014년 3월 1일부터 시행한다.

부칙 〈제25279호, 2014. 3. 24.〉 (금융회사부실자산 등의 효율적 처리 및 한국자산관리공사의 설립에 관한 법률 시행령)

제1조(시행일) 이 영은 공포한 날부터 시행한다.

제2조(다른 법령의 개정) ①부터 ㉗까지 생략

㉘ 은행법 시행령 일부를 다음과 같이 개정한다.

제13조제1항제4호를 다음과 같이 한다.

4. 「금융회사부실자산 등의 효율적 처리 및 한국자산관리공사의 설립에 관한 법률」

㉙부터 ㉞까지 생략

제3조 생략

부칙 〈제25532호, 2014. 8. 6.〉 (민감정보 및 고유식별정보 처리 근거 마련을 위한 공공기관의 운영에 관한 법률 시행령 등 일부개정령)

이 영은 2014년 8월 7일부터 시행한다.

부칙 〈제25840호, 2014. 12. 9.〉 (규제 재검토기한 설정 등 규제정비를 위한 건축법 시행령 등 일부개정령)

제1조(시행일) 이 영은 2015년 1월 1일부터 시행한다.

제2조 부터 제16조까지 생략

부칙 〈제25945호, 2014. 12. 30.〉 (한국산업은행법 시행령)

제1조(시행일) 이 영은 법률 제12663호 한국산업은행법 전부개정법률 부칙 제4조제6항에 따른 합병의 등기를 한 날부터 시행한다.

제2조 및 제3조 생략

제4조(다른 법령의 개정) ①부터 ㉖까지 생략

㉗ 은행법 시행령 일부를 다음과 같이 개정한다.

제4조의2제1항제3호 중 "「한국정책금융공사법」에 따른 한국정책금융공사"를 "「한국산업은행법」에 따른 한국산업은행"으로 한다.

제13조제1항제43호를 삭제한다.

㉘부터 ㊲까지 생략

제5조 생략

부칙 〈제26205호, 2015. 4. 20.〉 (소재·부품전문기업 등의 육성에 관한 특별조치법 시행령)

제1조(시행일) 이 영은 2015년 4월 29일부터 시행한다.

제2조(다른 법령의 개정) ①부터 ⑤까지 생략

⑥ 은행법 시행령 일부를 다음과 같이 개정한다.

제13조제1항제17호를 다음과 같이 한다.

17. 「소재·부품전문기업 등의 육성에 관한 특별조치법」

⑦부터 ⑩까지 생략

제3조 생략

부칙 〈제26600호, 2015. 10. 23.〉 (자본시장과 금융투자업에 관한 법률 시행령)

제1조(시행일) 이 영은 2015년 10월 25일부터 시행한다. 〈단서 생략〉

제2조 부터 제8조까지 생략

제9조(다른 법령의 개정) ①부터 ⑬까지 생략

⑭ 은행법 시행령 일부를 다음과 같이 개정한다.

제1조의4제2항제3호 각 목 외의 부분 중 " 사모투자전문회사(「자본시장과 금융투자업에 관한 법률」에 따른 사모투자전문회사를 말한다. 이하 "사모투자전문회사"라 한다)"를 "경영참여형 사모집합투자기구 (「자본시장과 금융투자업에 관한 법률」에 따른 경영참여형 사모집합투자기구를 말한다. 이하 "경영참여형 사모집합투자기구"라 한다)"로 하고, 같은 호 가목 및 나목 중 "사모투자전문회사"를 각각 "경영참여형 사모집합투자기구"로 한다.

제4조의2제2항제2호 각 목 외의 부분 중 "사모투자전문회사등(법 제15조의3제2항에 따른 사모투자전문회사등을 말한다. 이하 같다)"을 "경영참여형 사모집합투자기구등(법 제15조의3제2항에 따른 경영참여형 사모집합투자기구등을 말한다. 이하 같다)"으로 하고, 같은 호 나목 중 "사모투자전문회사"를 "경영참여형 사모집합투자기구"로 한다.

제10조의 제목, 같은 조 제2항 각 호 외의 부분, 같은 항 제4호 각 목 외의 부분, 같은 호 가목 및 나목 중 "사모투자전문회사등"을 각각 "경영참여형 사모집합투자기구등"으로 하고, 같은 항 각 호 외의 부분 중 "사모투자전문회사"를 "경영참여형 사모집합투자기구"로 한다.

제10조제3항 각 호의 외의 부분 및 같은 항 제1호부터 제4호까지 중 "사모투자전문회사등"을 각각 "경영참여형 사모집합투자기구등"으로 한다.

제10조제5항 중 "사모투자전문회사등"을 "경영참여형 사모집합투자기구등"으로 한다.

제24조의6의 제목 중 "사모투자전문회사등"을 "경영참여형 사모집합투자기구등"으로 한다.

제29조제1항제6호, 제7호 및 제25호 중 "사므투자전문회사등"을 각각 "경영참여형 사모집합투자기구등"으로 한다.

별표 1 제7호의 구분란 중 "사모트자전문회사등"을 "경영참여형 사모집합투자기구등"으로 하고, 같은 호의 요건란 각 목 외의 부분 중 "사모투자전문회사"를 각각 "경영참여형 사모집합투자기구"로 한다.

별표 1 비고 제5호 각 목 외의 부분 중 "사모투자전문회사등"을 "경영참여형 사모집합투자기구등"으로 하고, 같은 호 가목 및 같은 호 나목 본문 중 "사모투자전문회사"를 각각 "경영참여형 사모집합투자기구"로 한다.

⑮부터 ⑱까지 생략

부칙 〈제26817호, 2015. 12. 30.〉 (규제 재검토기한 설정을 위한 은행법 시행령 등 일부개정령)

이 영은 공포한 날부터 시행한다.

부칙 〈제27205호, 2016. 5. 31.〉 (기술보증기금법 시행령)

제1조(시행일) 이 영은 2016년 9월 30일부터 시행한다. 〈단서 생략〉

제2조(다른 법령의 개정) ①부터 ㊴까지 생략

㊵ 은행법 시행령 일부를 다음과 같이 개정한다.

제13조제1항제9호를 다음과 같이 한다.

9. 「기술보증기금법」

㊶부터 〈59〉까지 생략

제3조 생략

부칙 〈제27290호, 2016. 6. 28.〉

제1조(시행일) 이 영은 2016년 7월 30일부터 시행한다. 다만, 제21조제1항, 제24조의6부터 제24조의9까지, 제31조 및 별표 4 제2호터목의 개정규정은 2016년 6월 30일부터 시행하고, 제26조제1호바목의 개정규정은 2016년 12월 1일부터 시행한다.

제2조(다른 법령의 개정) 자본시장과 금융투자업에 관한 법률 시행령 일부를 다음과 같이 개정한다.

제272조제4항제4호 중 "제18호"를 "제19호"로, "제4항제8호"를 "제4항제10호"로 하고, 같은 조 제5항제1호를 다음과 같이 하며, 같은 항 제8호 중 "「은행법 시행령」 제18조의2제4항제8호"를 "「은행법 시행령」 제18조의2제4항제10호"로 한다.

1. 「은행법 시행령」 제18조의2제2항제7호ㆍ제18호에 따른 투자자문업 또는 투자일임업

부칙 〈제27414호, 2016. 7. 28.〉 (금융회사의 지배구조에 관한 법률 시행령)

제1조(시행일) 이 영은 2016년 8월 1일부터 시행한다. 〈단서 생략〉

제2조 및 제3조 생략

제4조(다른 법령의 개정) ①부터 ⑦까지 생략

⑧ 은행법 시행령 일부를 다음과 같이 개정한다.

제3조제2항제4호 중 "법 제18조의 자격 요건을 갖추었음"을 "「금융회사의 지배구조에 관한 법률」 제5조제1항 각 호의 어느 하나에 해당하지 아니함"으로 한다.

제3조의2제2항제4호 중 "법 제18조의 자격 요건을 갖추었음"을

“「금융회사의 지배구조에 관한 법률」 제5조제1항 각 호의 어느 하나에 해당하지 아니함”으로 한다.

제10조제2항제2호 중 “법 제18조제1항”을 “「금융회사의 지배구조에 관한 법률」 제5조제1항”으로 하고, 같은 항 제3호가목 중 “법, 이 영, 제13조제1항 각 호에 따른 금융 관련 법령(이하 "금융관련법령"이라 한다)”을 “「금융회사의 지배구조에 관한 법률 시행령」 제5조에 따른 법령(이하 "금융관련법령"이라 한다)”으로 하며, 같은 호 나목 본문 중 “법 또는 금융관련법령”을 “금융관련법령”으로 한다.

제12조, 제13조, 제15조부터 제17조까지 및 제17조의2부터 제17조의5까지를 각각 삭제한다.

제18조의2제1항 및 제3항 중 “제13조제1항 각 호의 법률”을 각각 “금융관련법령”으로 한다.제18조의3제2항 각 호 외의 부분 중 “내부통제기준”을 “「금융회사의 지배구조에 관한 법률」 제24조제1항에 따른 내부통제기준(이하 "내부통제기준"이라 한다)”으로 하고, 같은 항 제2호가목 본문 중 “금융투자상품의 투자”를 “금융투자상품(「자본시장과 금융투자업에 관한 법률」 제3조에 따른 금융투자상품을 말한다. 이하 이 목에서 같다)의 투자”로 한다.

제24조의5제1항제4호 중 “준법감시인”을 “「금융회사의 지배구조에 관한 법률」 제25조제1항에 따른 준법감시인(이하 "준법감시인"이라 한다)”으로 한다.

제29조제1항제12호 및 제13호를 각각 삭제한다.

별표 1 제1호마목1) 본문 중 “법 또는 금융관련법령”을 “금융관련법령”으로 하고, 같은 목 2)를 다음과 같이 한다.

2) 최근 5년간 금융관련법령, 「독점규제 및 공정거래에 관한 법률」 또는 「조세범 처벌법」을 위반하여 벌금형 이상에 해당하는 형사처벌을 받은 사실이 없을 것

별표 3 제51호 및 제52호를 각각 삭제한다.

별표 4 제2호아목을 삭제한다.

⑨ 및 ⑩ 생략

부칙 〈제28382호, 2017. 10. 17.〉

제1조(시행일) 이 영은 2017년 10월 19일부터 시행한다. 다만, 제1조의5제1항제1호의 개정규정 및 부칙 제3조는 공포한 날부터 시행한다.

제2조(과징금의 부과기준에 관한 적용례) 제26조의3제1항 및 별표 3의2의 개정규정은 이 영 시행 이후 위반행위를 하는 경우부터 적용한다.

제3조(다른 법령의 개정) 금융지주회사법 시행령 일부를 다음과 같이 개정한다.

제2조제1항에 단서를 다음과 같이 신설한다.

다만, 금융지주회사가 아닌 지주회사는 제외한다.

부칙 〈제28927호, 2018. 5. 29.〉

이 영은 공포한 날부터 시행한다.

부칙 〈제29269호, 2018. 10. 30.〉 (주식회사 등의 외부감사에 관한 법률 시행령)

제1조(시행일) 이 영은 2018년 11월 1일부터 시행한다.

제2조 부터 제9조까지 생략

제10조(다른 법령의 개정) ①부터 ㉜까지 생략

㉝ 은행법 시행령 일부를 다음과 같이 개정한다.

제8조제3항제4호 중 "「주식회사의 외부감사에 관한 법률」 제3조제1항"을 "「주식회사 등의 외부감사에 관한 법률」 제2조제7호"로 한다.

별표 1 비고 제3호 및 별표 2 비고 중 "「주식회사의 외부감사에 관한 법률」"을 각각 "「주식회사 등의 외부감사에 관한 법률」"로 한다.

㉞부터 〈51〉까지 생략

제11조 생략

부칙 〈제29854호, 2019. 6. 11.〉

이 영은 2019년 6월 12일부터 시행한다.

부칙 〈제29892호, 2019. 6. 25.〉 (주식·사채 등의 전자등록에 관한 법률 시행령)

제1조(시행일) 이 영은 2019년 9월 16일부터 시행한다. 〈단서 생략〉

제2조 부터 제8조까지 생략

제9조(다른 법령의 개정) ①부터 ⑫까지 생략

⑬ 은행법 시행령 일부를 다음과 같이 개정한다.

제19조의3부터 제19조의10까지를 각각 다음과 같이 신설한다.

제19조의3(사채등의 범위) 법 제33조의5제1항에서 "대통령령으로 정하는 권리"란 다음 각 호의 권리를 말한다.

1. 「중소기업은행법」 제36조의2에 따른 중소기업금융채권에 표시될 수 있거나 표시되어야 할 권리

2. 「한국산업은행법」 제23조에 따른 산업금융채권에 표시될 수 있거나 표시되어야 할 권리

3. 양도성 예금증서에 표시될 수 있거나 표시되어야 할 권리

제19조의4(사채등 등록의 신청) ① 법 제33조의5제1항에 따른 사채등(이하 "사채등"이라 한다)의 소유자·질권자, 그 밖의 이해관계자가 그 권리를 등록하려는 경우에는 해당 사채등을 발행하는 은행(이하 "발행은행"이라 한다)에 등록할 각 사채등의 금액, 채권 번호 및 그 밖에 등록에 필요한 사항을 적은 등록신청서를 제출해야 한다.

② 법 제33조의5제1항에 따른 등록의 원인이 양도나 질권 설정 등 상대방이 있는 행위인 경우에는 등록으로 권리를 취득하는 자(대리인을 포함하며, 이하 "등록권리자"라 한다) 및 그 상대방(대리인을 포함하며, 이하 "등록의무자"라 한다)은 공동으로 등록을 신청해야 한다. 다만, 등록의무자의 승낙서를 등록신청서에 첨부한 경우에는 등록권리자가 단독으로 등록을 신청할 수 있다.

③ 제1항 및 제2항에 따른 등록신청서, 등록의 방법·절차 및

제출서류 등 등록의 신청에 필요한 사항은 금융위원회가 정하여 고시한다.

제19조의5(등록증명서의 발급) 발행은행은 사채등의 등록을 마친 경우에는 금융위원회가 정하여 고시하는 바에 따라 등록증명서를 발급해야 한다.

제19조의6(사채등 등록 말소의 신청) ① 등록된 사채등의 등록 말소를 신청하려는 자는 등록 말소신청서에 등록을 말소해야 할 각 사채등의 금액 및 채권 번호와 그 밖에 필요한 사항을 적고 제19조의5에 따른 등록증명서를 첨부하여 제출해야 한다.

② 제1항에 따른 등록 말소신청서, 등록 말소의 방법·절차 및 제출서류 등 등록 말소의 신청에 필요한 사항은 금융위원회가 정하여 고시한다.

제19조의7(등록의무자가 행방불명인 경우의 등록 말소) ① 등록권리자는 등록의무자의 행방을 알 수 없어 등록의 말소를 신청할 수 없는 경우에는 「민사소송법」에 따라 공시최고(公示催告)를 신청할 수 있다.

② 등록권리자는 등록의무자의 행방을 알 수 없어 등록의 말소를 신청할 수 없는 경우 제권판결(除權判決)이 있을 때에는 등록말소신청서에 제권판결 정본 또는 등본을 첨부하여 단독으로 등록 말소를 신청할 수 있다.

제19조의8(등록부의 작성·비치 및 관리) ① 발행은행은 제19조의4제1항에 따라 등록신청서가 제출되면 접수번호, 등록의 연월일, 등록권리자의 성명 및 주소, 등록의 원인 등 등록에 필요한 사항을 기재하여 등록부를 작성해야 한다.

② 제1항에 따른 등록부의 작성방법 및 절차, 비치·관리 등에 필요한 사항은 금융위원회가 정하여 고시한다.

제19조의9(등록한 사채등에 관한 권리의 순위) ① 등록을 한 사채등에 관한 권리의 순위는 등록을 한 순서에 따른다.

② 등록의 순서는 등록부 중 같은 난에서 한 등록의 경우는 순위번호에 따르고, 별란(別欄)에서 한 등록의 경우는 접수번호에 따른다.

③ 부기등록(附記登錄)의 순위는 주등록(主登錄)의 순위에 따른다. 다만, 같은 주등록에 관한 부기등록 상호간의 순위는 부기등록을 한 순서에 따른다.

제19조의10(등록한 무기명 사채등의 공탁) 등록한 무기명 사채등의 소유자에 관하여 「상법」 제491조제4항 및 제492조제2항과 「담보부사채신탁법」 제45조제2항 및 제84조제2항을 적용할 때에는 등록증명서의 공탁(供託)을 그 증권이나 증서의 공탁으로 본다.

제29조제2항에 제3호의2를 다음과 같이 신설한다.

3의2. 법 제33조의5 및 이 영 제19조의3부터 제19조의8까지의 규정에 따른 사채등의 등록 및 말소, 등록증명서의 발급 및 회수, 등록부의 작성 · 비치 및 관리에 관한 사무

⑭부터 ⑰까지 생략

제10조 생략

부칙 〈제30305호, 2019. 12. 31.〉

이 영은 2020년 1월 1일부터 시행한다.

부칙 〈제30893호, 2020. 8. 4.〉 (신용정보의 이용 및 보호에 관한 법률 시행령)

제1조(시행일) ① 이 영은 2020년 8월 5일부터 시행한다. 〈단서 생략〉

② 및 ③ 생략

제2조 생략

제3조(다른 법령의 개정) ①부터 ㊳까지 생략

㊴ 은행법 시행령 일부를 다음과 같이 개정한다.

제18조의2제2항제19호를 제20호로 하고, 같은 항에 제19호를 다음과 같이 신설한다.

19. 「신용정보의 이용 및 보호에 관한 법률」에 따른 본인신용정보관리업

제18조의4제1항제1호 중 "신용평가등급"을 "개인신용평점"으로 하고, 같은 항 제2호 중 "개선 또는 신용평가등급"을 "개선, 신용등

급 또는 개인신용평점"으로 한다.

㊵부터 〈65〉까지 생략

제4조 생략

부칙 〈제30960호, 2020. 8. 19.〉

이 영은 2020년 8월 20일부터 시행한다.

부칙 〈제31444호, 2021. 2. 17.〉 (조세특례제한법 시행령)

제1조(시행일) 이 영은 공포한 날부터 시행한다. 〈단서 생략〉

제2조 부터 제20조까지 생략

제21조(다른 법령의 개정) ①부터 ⑦까지 생략

⑧ 은행법 시행령 일부를 다음과 같이 개정한다.

제1조의4제2항제1호 단서 중 "「법인세법」 제51조의2제1항제9호"를 "「조세특례제한법」 제104조의31제1항"으로 한다.

⑨부터 ⑫까지 생략

부칙 〈제31553호, 2021. 3. 23.〉 (금융소비자 보호에 관한 법률 시행령)

제1조(시행일) 이 영은 2021년 3월 25일부터 시행한다. 〈단서 생략〉

제2조(다른 법령의 개정) ①부터 ⑲까지 생략

⑳ 은행법 시행령 일부를 다음과 같이 개정한다.

제20조의3제3항 중 "은행상품"을 "예금, 대출 등 은행이 취급하는 상품"으로 한다.

제24조의5의 제목 "(불공정영업행위의 금지 등)"을 "(금융거래상 중요 정보 제공)"으로 하고, 같은 조 제1항을 삭제하며, 같은 조 제2항제2호 각 목 외의 부분 본문 중 "금융거래"를 "금융거래(「금융소비자 보호에 관한 법률」에 따른 금융상품의 계약에 따른 거래는 제외한다)"로 하고, 같은 조 제3항 전단 중 "은행이용자"를 "은행이용자(「금융소비자 보호에 관한 법률」에 따른 금융소비자는 제외한다)"

로 하며, 같은 조 제4항 중 "제1항브터 제3항까지"를 "제2항 및 제3항"으로, "불공정영업행위 및 은행이용자 보호 조치"를 "금융거래상 중요 정보 제공"으로 한다.

제24조의6을 삭제한다.

제29조제2항제5호를 삭제한다.

별표 4 제2호커목을 삭제한다.

㉑ 및 ㉒ 생략

부칙 〈제32018호, 2021. 9. 29.〉 (어려운 법령용어 정비를 위한 15개 법령의 일부개정에 관한 대통령령)

이 영은 공포한 날부터 시행한다.

부칙 〈제32091호, 2021. 10 21.〉 (자본시장과 금융투자업에 관한 법률 시행령)

제1조(시행일) 이 영은 2021년 10월 21일부터 시행한다.

제2조 부터 제5조까지 생략

제6조(다른 법령의 개정) ①부터 ⑳가지 생략

㉑ 은행법 시행령 일부를 다음과 같이 개정한다.

제1조의4제2항제3호 각 목 외의 부분 및 같은 호 가목·나목 중 "경영참여형 사모집합투자기구"를 각각 "기관전용 사모집합투자기구"로 한다.

제4조의2제2항제2호 각 목 외의 부분 중 "경영참여형 사모집합투자기구등"을 각각 "기관전용 사모집합투자기구등"으로 하고, 같은 호 나목 중 "경영참여형 사모집합투자기구"를 "기관전용 사모집합투자기구"로 한다.

제10조의 제목 "(경영참여형 사모집합투자기구등의 주식보유에 대한 승인 등)"을 "(기관전용 사모집합투자기구등의 주식보유에 대한 승인 등)"으로 하고, 같은 조 제2항 각 호 외의 부분 중 "경영참여형 사모집합투자기구등"을 "기관전용 사모집합투자기구등"으로, "경영참여형 사모집합투자기구"를 "기관전용 사모집합투자기구"로 하며,

같은 항 제4호 각 목 외의 부분, 같은 호 가목 및 나목 중 “경영참여형 사모집합투자기구등”을 각각 “기관전용 사모집합투자기구등”으로 하고, 같은 조 제3항 각 호 외의 부분 및 같은 항 제1호부터 제4호까지 중 “경영참여형 사모집합투자기구등”을 각각 “기관전용 사모집합투자기구등”으로 하며, 같은 조 제5항 중 “경영참여형 사모집합투자기구등”을 “기관전용 사모집합투자기구등”으로 한다.

제24조의8의 제목 “(경영참여형 사모집합투자기구등에 대한 제재 등)”을 “(기관전용 사모집합투자기구등에 대한 제재 등)”으로 한다.

제29조제1항제6호, 제7호 및 제25호 중 “경영참여형 사모집합투자기구등”을 각각 “기관전용 사모집합투자기구등”으로 한다.

별표 1 제7호의 구분란 중 “경영참여형 사모집합투자기구등”을 “기관전용 사모집합투자기구등”으로 하고, 같은 호의 요건란 각 목 외의 부분 중 “경영참여형 사모집합투자기구”를 각각 “기관전용 사모집합투자기구”로 한다.

별표 1 비고 제5호 각 목 외의 부분 중 “경영참여형 사모집합투자기구등”을 “기관전용 사모집합투자기구등”으로 하고, 같은 호 가목 및 나목 본문 중 “경영참여형 사모집합투자기구”를 각각 “기관전용 사모집합투자기구”로 한다.

㉒부터 ㉕까지 생략

부칙 〈제32274호, 2021. 12. 28.〉 (독점규제 및 공정거래에 관한 법률 시행령)

제1조(시행일) 이 영은 2021년 12월 30일부터 시행한다.

제2조 부터 제12조까지 생략

제13조(다른 법령의 개정) ①부터 〈54〉까지 생략

〈55〉 은행법 시행령 일부를 다음과 같이 개정한다.

제1조의4제1항제1호 단서 중 “「독점규제 및 공정거래에 관한 법률 시행령」 제3조의2제1항제2호가목”을 “「독점규제 및 공정거래에 관한 법률 시행령」 제5조제1항제2호가목”으로 하고, 같은 항 제6호 중 “「독점규제 및 공정거래에 관한 법률」 제2조제2호”를 “「독점규제

및 공정거래에 관한 법률」 제2조제11호"로, "「독점규제 및 공정거래에 관한 법률 시행령」 제3조제1호"를 "「독점규제 및 공정거래에 관한 법률 시행령」 제4조제1호"로 한다.

제20조의4 중 "「독점규제 및 공정거래에 관한 법률」 제2조제2호"를 "「독점규제 및 공정거래에 관한 법률」 제2조제11호"로 한다.

〈56〉부터 〈68〉까지 생략

제14조 생략

부칙 〈제32528호, 2022. 3. 8.〉 (규제 재검토기한 설정 해제 등을 위한 91개 법령의 일부개정에 관한 대통령령)

이 영은 공포한 날부터 시행한다.

부칙 〈제32640호, 2022. 5. 9.〉

제1조(시행일) 이 영은 공포한 날부터 시행한다. 다만, 제24조의4제2항제2호의 개정규정과 별표 3의 개정규정 중 같은 표 제28호의4, 제28호의5, 제33호의2, 제34호의2, 제40호 및 제46호의2를 개정하는 부분은 2022년 6월 8일부터 시행한다.

제2조(주식보유상황 등의 보고 기간 연장에 따른 적용례) 제4조의2제3항의 개정규정은 이 영 시행일 전에 법 제15조제2항에 따른 보고 사유가 발생한 경우(은행의 주식을 취득하거나 매각하지 않았음에도 불구하고 보고 사유에 해당하게 된 경우에는 그 사유에 해당하게 된 사실을 안 경우를 말한다)로서 이 영 시행 당시 종전의 제4조의2제3항에 따른 보고 기간의 단료일이 이 영 시행 이후인 경우에도 적용한다.

부칙 〈제33140호, 2022. 12 27.〉 (독점규제 및 공정거래에 관한 법률 시행령)

제1조(시행일) 이 영은 공포한 날부터 시행한다.

제2조 생략

제3조(다른 법령의 개정) ①부터 ④까지 생략

⑤ 은행법 시행령 일부를 다음과 같이 개정한다.

제1조의4제1항제6호 중 "「독점규제 및 공정거래에 관한 법률 시행령」 제4조제1호 각 목의 어느 하나 및 같은 조 제2호 각 목의 어느 하나"를 "같은 법 시행령 제4조제1항제1호 각 목의 어느 하나 및 같은 항 제2호 각 목의 어느 하나"로, "같은 조 제1호"를 "같은 항 제1호"로 한다.

⑥ 및 ⑦ 생략

부칙 〈제33474호, 2023. 5. 16.〉 (주택저당채권유동화회사법시행령)

제1조(시행일) 이 영은 공포한 날부터 시행한다.

제2조(다른 법령의 개정) ①부터 ⑦까지 생략

⑧ 은행법 시행령 일부를 다음과 같이 개정한다.

제18조의2제4항제2호를 삭제한다.

제18조의3제1항제2호다목 중 "제18조의2제4항제1호ㆍ제2호에 따른 유동화전문회사ㆍ주택저당채권유동화회사"를 "제18조의2제4항제1호에 따른 유동화전문회사"로 한다.

⑨부터 ⑬까지 생략

부칙 〈제33679호, 2023. 8. 22.〉

제1조(시행일) 이 영은 2023년 9월 22일부터 시행한다.

제2조(은행업 일부 폐업 등의 인가에 관한 적용례) ① 제24조의9제5항의 개정규정은 이 영 시행 이후 은행이 은행업무의 일부를 폐업하기 위하여 이사회의 의결을 거치는 경우부터 적용한다.

② 제24조의9제6항의 개정규정 중 부수업무 일부의 양도ㆍ양수에 관한 부분은 이 영 시행 이후 은행이 부수업무의 일부를 양도ㆍ양수하기 위하여 이사회의 의결을 거치는 경우부터 적용한다.

③ 제24조의9제6항의 개정규정은 이 영 시행 전에 종전의 규정에 따라 은행업무 또는 겸영업무의 일부를 양도ㆍ양수하기 위하여 인가를 신청한 경우에도 적용한다.

부칙 〈제33913호, 2023. 12. 12.〉 (행정법제 혁신을 위한 가덕도신공항 건설을 위한 특별법 시행령 등 123개 법령의 일부개정에 관한 대통령령)
이 영은 공포한 날부터 시행한다.

부칙 〈제35382호, 2025. 3. 12.〉 (규제 재검토기한 정비를 위한 40개 법령의 일부개정에 관한 대통령령)
이 영은 공포한 날부터 시행한다.

부칙 〈제35811호, 2025. 10. 1.〉 (정부조직 개편 반영을 위한 306개 법령의 일부개정에 관한 대통령령)
이 영은 공포한 날부터 시행한다. 다만, 이 영에 따라 개정되는 대통령령 중 이 영 시행 전에 공포되었으나 시행일이 도래하지 아니한 대통령령을 개정한 부분은 각각 해당 대통령령의 시행일부터 시행한다.

별표 / 서식
[별표 1] 한도초과보유주주의 초과보유 요건(제5조 관련)
[별표 2] 비금융주력자의 의결권을 행사하지 아니하는 주식보유승인 요건(제11조제2항 관련)
[별표 3] 금융위원회가 금융감독원장에게 위탁하는 권한의 범위(제26조의2제1항 관련)
[별표 3의2] 과징금의 부과기준(제26조의3제1항 관련)
[별표 4] 과태료의 부과기준(제31조 관련)

대한민국 법령 시리즈 100

은행법

법 령 / 시 행 령

2025년 11월 20일 인쇄 정가 21,000원
2025년 11월 30일 발행

편 저 편집부
디 자 인 송영미
발 행 인 조준형
발 행 처 해광출판사
주 소 부산광역시 중구 해관로 41-1 (중앙동2가)
전화번호 (051) 253-0001 팩스 (051) 245-1187
등 록 제 2012-000005호
http://www.hgbookpub.com
E-mail : munbookcokr@naver.com

해광출판사에서는 여러분의 소중한 원고와 함께 할 기회를 기다리고 있습니다. 책으로 엮을 원고나 아이디어가 있으신 분들은 이메일 munbookcokr@naver.com로 책에 대한 간단한 개요와 원고 전체 또는 일부를 연락처와 함께 보내주십시오.

ISBN 979-11-6881-917-7

※ 법령 출처 : 법제처 국가법령정보센터
※ 본 도서는 〈공공데이터 제공 및 이용 활성화에 관한 법률〉을 근거로 출판되었습니다.

해광출판사 대한민국 법령 시리즈

001. 선원법
002. 어선법
003. 선박직원법
004. 해사안전기본법
005. 해양환경관리법
006. 선박의 입항 및 출항등에 관한 법률
007. 학교안전사고예방 및 보상에 관한 법률
008. 종합부동산세법
009. 방위사업법
010. 행정규제기본법
011. 식품산업진흥법
012. 위험물안전관리법
013. 화재의 예방 및 안전관리에 관한 법률
014. 도시가스사업법
015. 실내공기질관리법
016. 지방세법
017. 소득세법
018. 법인세법
019. 도선법
020. 선박안전법
021. 선박법
022. 수산업법
023. 고압가스안전관리법
024. 국민연금법
025. 공동주택관리법
026. 화학물질관리법
027. 어선원 및 어선 재해보상보험법
028. 장기등 이식에 관한 법률
029. 자연재해대책법
030. 공유재산 및 물품 관리법
031. 산업입지 및 개발에 관한 법률
032. 부정경쟁방지 및 영업비밀보호에 관한 법률
033. 금융지주회사법
034. 온실가스 배출권의 할당 및 거래에 관한 법률
035. 건축사법
036. 산림문화휴양에 관한 법률
037. 전기사업법
038. 사립학교법
039. 고등교육법
040. 액화석유가스의 안전관리 및 사업법
041. 선박투자회사법
042. 수산자원관리법
043. 위험물선박운송및저장규칙
044. 선박평형수관리법
045. 주택임대차보호법
046. 상가건물임대차보호법
047. 지방공기업법
048. 승강기안전관리법
049. 수목원·정원의 조성 및 진흥에 관한 법률
050. 민법
051. 치료감호 등에 관한 법률
052. 대부업 등의 등록 및 금융이용자 보호에 관한 법률
053. 사료관리법
054. 무형문화재 보전 및 진흥에 관한 법률
055. 총포·도검·화약류 등의 안전관리에 관한 법률
056. 경찰관직무집행법
057. 시설물의 안전 및 유지관리에 관한 특별법
058. 수산생물질병 관리법
059. 소비자기본법
060. 국제선박등록법
061. 정보통신망 이용촉진 및 정보보호 등에 관한 법률
062. 해운법
063. 농수산물 품질관리법
064. 수산업협동조합법
065. 해외건설촉진법
066. 수상레저안전법
067. 공무원재해보상법
068. 수상에서의 수색·구조 등에 관한 법률
069. 어촌어항법
070. 항만법
071. 항만운송사업법
072. 해양경비법
073. 해양사고의 조사 및 심판에 관한 법률
074. 외국인근로자의 고용 등에 관한 법률
075. 중소기업기본법
076. 자유무역지역의 지정 및 운영에 관한 법률
077. 대기환경보전법
078. 소음진동관리법
079. 폐기물관리법
080. 하수도법
081. 물환경보전법
082. 토양환경보전법
083. 환경정책기본법
084. 산업재해보상보험법
085. 관세법
086. 노동조합 및 노동관계조정법
087. 근로기준법
088. 군인연금법
089. 먹는물관리법
090. 기술보증기금법
091. 관광진흥법
092. 감염병의 예방 및 관리에 관한 법률
093. 사법경찰관리의 직무를 수행할 자와 그 직무범위에 관한 법률
094. 수의사법
095. 가정폭력방지 및 피해자보호 등에 관한 법률
096. 환경영향평가법
097. 체육시설의 설치 · 이용에 관한 법률
098. 장사 등에 관한 법률
099. 상호저축은행법
100. 은행법
101. 보호관찰 등에 관한 법률
102. 형법
103. 자동차관리법
104. 형사소송법
105. 전자금융거래법
106. 마약류 불법거래 방지에 관한 특례법
107. 도로법
108. 주세법
109. 변리사법
110. 하천법
111. 중소기업진흥에 관한 법률
112. 발달장애인 권리보장 및 지원에 관한 법률
113. 주택법
114. 장애인복지법
115. 농어업경영체 육성 및 지원에 관한 법률
116. 공인중개사법
117. 건강기능식품에 관한 법률
118. 예비군법
119. 개발제한구역의 지정 및 관리에 관한 특별조치법
120. 국유재산법
121. 주차장법
122. 환경기술 및 환경산업 지원법
123. 대기관리권역의 대기환경개선에 관한 특별법
124. 악취방지법
125. 미세먼지 저감 및 관리에 관한 특별법
126. 가축분뇨의 관리 및 이용에 관한 법률
127. 물의 재이용 촉진 및 지원에 관한 법률
128. 물관리기본법
129. 물관리기술 발전 및 물산업 진흥에 관한 법률
130. 자원의 절약과 재활용촉진에 관한 법률
131. 전기 · 전자제품 및 자동차의 자원순환에 관한 법률
132. 건설폐기물의 재활용촉진에 관한 법률
133. 수도권매립지관리공사의 설립 및 운영 등에 관한 법률
134. 폐기물의 국가 간 이동 및 그 처리에 관한 법률
135. 폐기물처리시설 설치촉진 및 주변지역지원 등에 관한 법률
136. 자원순환기본법
137. 잔류성오염물질 관리법
138. 환경분쟁 조정법

해광출판사 대한민국 법령 시리즈

139. 화학물질의 등록 및 평가 등에 관한 법률
140. 환경오염시설의 통합관리에 관한 법률
141. 환경오염피해 배상책임 및 구제에 관한 법률
142. 중소기업제품 구매촉진 및 판로지원에 관한 법률
143. 환경개선비용 부담법
144. 환경분야 시험·검사 등에 관한 법률
145. 환경친화적 산업구조로의 전환촉진에 관한 법률
146. 환경친화적 자동차의 개발 및 보급 촉진에 관한 법률
147. 환경범죄 등의 단속 및 가중처벌에 관한 법률
148. 생명윤리 및 안전에 관한 법률
149. 장애인차별금지 및 권리구제 등에 관한 법률
150. 부동산투자회사법
151. 정치자금법
152. 과학기술기본법
153. 대리점거래의 공정화에 관한 법률
154. 상속세 및 증여세법
155. 학원의 설립 · 운영 및 과외교습에 관한 법률
156. 해양심층수의 개발 및 관리에 관한 법률
157. 전기용품 및 생활용품 안전관리법
158. 사회기반시설에 대한 민간투자법
159. 공직선거법
160. 정당법
161. 유류오염손해배상 보장법
162. 부정청탁 및 금품등 수수의 금지에 관한 법률
163. 항로표지법
164. 어장관리법
165. 민방위기본법
166. 공직자윤리법
167. 선거관리위원회법
168. 유선 및 도선 사업법
169. 전기공사업법
170. 사회복지사업법
171. 택지개발촉진법
172. 국가공무원법
173. 민간임대주택에 관한 특별법
174. 어음법·수표법
175. 민사집행법
176. 상법
177. 문화예술진흥법
178. 중소기업협동조합법
179. 농업협동조합법
180. 도로교통법
181. 의료사고 피해구제 및 의료분쟁 조정 등에 관한 법률
182. 산림보호법
183. 소년법
184. 동물보호법
185. 건축물관리법
186. 도시개발법
187. 화물자동차 운수사업법
188. 도시 및 주거환경정비법
189. 의료법
190. 국회법
191. 응급의료에 관한 법률
192. 출입국관리법
193. 노인복지법
194. 산림자원의 조성 및 관리에 관한 법률
195. 청소년 보호법
196. 초 · 중등교육법
197. 혁신도시 조성 및 발전에 관한 특별법
198. 경제자유구역의 지정 및 운영에 관한 특별법
199. 공공기관의 운영에 관한 법률
200. 대한민국헌법
201. 국민기초생활 보장법
202. 저작권법
203. 가사소송법
204. 국가유공자 등 예우 및 지원에 관한 법률
205. 국민체육진흥법
206. 전통주 등의 산업진흥에 관한 법률
207. 재난 및 안전관리 기본법
208. 정보통신공사업법
209. 주식회사 등의 외부감사에 관한 법률
210. 공익사업을 위한 토지 등의 취득 및 보상에 관한 법률
211. 개인정보 보호법
212. 국세기본법
213. 에너지이용 합리화법
214. 감정평가 및 감정평가사에 관한 법률
215. 국가인권위원회법
216. 가맹사업거래의 공정화에 관한 법률
217. 보건의료기본법
218. 산업안전보건법
219. 법무사법
220. 교육공무원법
221. 특허법
222. 민사소송법
223. 아동복지법
224. 전파법
225. 하도급거래 공정화에 관한 법률
226. 기초연금법
227. 사립학교교직원 연금법
228. 직업안정법
229. 장애아동 복지지원법
230. 부동산등기법
231. 자동차손해배상 보장법
232. 철도안전법
233. 항공안전법
234. 전자상거래 등에서의 소비자보호에 관한 법률
235. 독점규제 및 공정거래에 관한 법률
236. 상표법
237. 채무자 회생 및 파산에 관한 법률
238. 공무원연금법
239. 축산법
240. 근로복지기본법
241. 민원 처리에 관한 법률
242. 약사법
243. 방문판매 등에 관한 법률
244. 건축기본법
245. 지방세기본법
246. 지방세징수법
247. 지방자치법
248. 도시교통정비 촉진법
249. 공공주택 특별법
250. 국세징수법
251. 공인노무사법
252. 중대재해 처벌 등에 관한 법률
253. 외무공무원법
254. 소방시설공사업법
255. 검역법
256. 공중위생관리법
257. 할부거래에 관한 법률
258. 인터넷 멀티미디어 방송사업법
259. 전기통신사업법
260. 제품안전기본법
261. 철도사업법
262. 어린이제품 안전 특별법
263. 영유아보육법
264. 원자력안전법
265. 보험업법
266. 경비업법
267. 교통안전법
268. 세무사법
269. 관세사법
270. 공인회계사법
271. 지방공무원법
272. 고용정책 기본법
273. 국가경찰과 자치경찰의 조직 및 운영에 관한 법률
274. 협동조합 기본법
275. 재해구호법
276. 환경보건법

해광출판사 대한민국 법령 시리즈

277. 자살예방 및 생명존중문화 조성을 위한 법률
278. 소방산업의 진흥에 관한 법률
279. 소방기본법
280. 비송사건절차법
281. 자연환경보전법
282. 변호사법
283. 기업구조조정투자회사법
284. 전기통신기본법
285. 에너지법
286. 해양생태계의 보전 및 관리에 관한 법률
287. 사회보장기본법
288. 통신비밀보호법
289. 공증인법
290. 물류시설의 개발 및 운영에 관한 법률
291. 청소년활동 진흥법
292. 형의 집행 및 수용자의 처우에 관한 법률
293. 도시공원 및 녹지 등에 관한 법률
294. 태권도 진흥 및 태권도공원 조성 등에 관한 법률
295. 녹색건축물 조성 지원법
296. 우편법
297. 예금자보호법
298. 건설산업기본법
299. 금융회사의 지배구조에 관한 법률
300. 장애인활동 지원에 관한 법률
301. 언론중재 및 피해구제 등에 관한 법률
302. 국가재정법
303. 농지법
304. 게임산업진흥에 관한 법률
305. 정신건강증진 및 정신질환자 복지서비스 지원에 관한 법률
306. 디자인보호법
307. 의료기사 등에 관한 법률
308. 스마트도시 조성 및 산업진흥 등에 관한 법률
309. 내수면어업법
310. 한국주택금융공사법
311. 의료기기법
312. 유통산업발전법
313. 전통시장 및 상점가 육성을 위한 특별법
314. 여신전문금융업법
315. 해외자원개발 사업법
316. 산업교육진흥 및 산학연협력촉진에 관한 법률
317. 빈집 및 소규모주택 정비에 관한 특례법
318. 기업도시개발 특별법
319. 전력기술관리법
320. 국토기본법
321. 지하수법
322. 식품위생법
323. 광업법
324. 호스피스·완화의료 및 임종과정에 있는 환자의 연명의료결정 에 관한 법률
325. 주식·사채 등의 전자등록에 관한 법률
326. 표시·광고의 공정화에 관한 법률
327. 골재채취법
328. 국민건강증진법
329. 새마을금고법
330. 여객자동차 운수사업법
331. 마리나항만의 조성 및 관리 등에 관한 법률
332. 한부모가족지원법
333. 국가를 당사자로 하는 계약에 관한 법률
334. 지방자치단체를 당사자로 하는 계약에 관한 법률
335. 축산물 위생관리법
336. 병역법
337. 음악산업진흥에 관한 법률
338. 국가균형발전 특별법
339. 첨단재생의료 및 첨단바이오의약품 안전 및 지원에 관한 법률
340. 공간정보의 구축 및 관리 등에 관한 법률
341. 공유수면 관리 및 매립에 관한 법률
342. 농수산물 유통 및 가격안정에 관한 법률
343. 아시아문화중심도시 조성에 관한 특별법
344. 신탁법
345. 자연공원법
346. 생활화학제품 및 살생물제의 안전관리에 관한 법률
347. 군인사법
348. 국제조세조정에 관한 법률
349. 낙동강수계 물관리 및 주민지원 등에 관한 법률
350. 주민등록법
351. 집합건물의 소유 및 관리에 관한 법률
352. 집단에너지사업법
353. 산림조합법
354. 반도체집적회로의 배치설계에 관한 법률
355. 자본시장과 금융투자업에 관한 법률
356. 담보부사채신탁법
357. 근로자퇴직급여 보장법
358. 국제과학비즈니스벨트 조성 및 지원에 관한 특별법
359. 수도법
360. 식품 등의 표시·광고에 관한 법률
361. 약관의 규제에 관한 법률
362. 인삼산업법
363. 종자산업법
364. 항공사업법
365. 건설기계관리법
366. 군형법
367. 궤도운송법
368. 기술의 이전 및 사업화 촉진에 관한 법률
369. 농수산물의 원산지 표시 등에 관한 법률
370. 담배사업법
371. 석유 및 석유대체연료 사업법
372. 가축전염병 예방법
373. 농어촌정비법
374. 식물신품종 보호법
375. 항공보안법
376. 중소기업창업 지원법
377. 군사법원법
378. 우주개발 진흥법
379. 해저광물자원 개발법
380. 산림복지 진흥에 관한 법률
381. 지능형 로봇 개발 및 보급 촉진법
382. 헌법재판소법
383. 옥외광고물 등의 관리와 옥외광고산업 진흥에 관한 법률
384. 혈액관리법
385. 국제항해선박 등에 대한 해적행위 피해예방에 관한 법률
386. 유료도로법
387. 독립유공자예우에 관한 법률
388. 신에너지 및 재생에너지 개발·이용·보급 촉진법
389. 신용정보의 이용 및 보호에 관한 법률
390. 출판문화산업 진흥법
391. 공항시설법
392. 국민 평생 직업능력 개발법
393. 아동·청소년의 성보호에 관한 법률
394. 방송법
395. 신용보증기금법
396. 화장품법
397. 청소년 기본법
398. 인터넷주소자원에 관한 법률
399. 양곡관리법
400. 도로명주소법
401. 전자문서 및 전자거래 기본법
402. 산업기술의 유출방지 및 보호에 관한 법률
403. 국가기술자격법
404. 양식산업발전법
405. 산업기술혁신 촉진법
406. 새만금사업 추진 및 지원에 관한 특별법
407. 전자정부법
408. 지역 개발 및 지원에 관한 법률
409. 한국농어촌공사 및 농지관리기금법
410. 계량에 관한 법률
411. 기업활동 규제완화에 관한 특별조치법
412. 군에서의 형의 집행 및 군수용자의 처우에 관한 법률

해광출판사 대한민국 법령 시리즈

413. 규제자유특구 및 지역특화발전특구에 관한 규제특례법
414. 금융위원회의 설치 등에 관한 법률
415. 남녀고용평등과 일·가정 양립 지원에 관한 법률
416. 농어업인 삶의 질 향상 및 농어촌지역 개발촉진에 관한 특별법
417. 댐건설·관리 및 주변지역지원 등에 관한 법률
418. 국가유산수리 등에 관한 법률
419. 법원조직법
420. 보훈보상대상자 지원에 관한 법률
421. 부패방지 및 국민권익위원회의 설치와 운영에 관한 법률
422. 과학기술분야 정부출연연구기관 등의 설립·운영 및 육성에 관한 법률
423. 연구개발특구의 육성에 관한 특별법
424. 친환경농어업 육성 및 유기식품 등의 관리·지원에 관한 법률
425. 연안관리법
426. 영화 및 비디오물의 진흥에 관한 법률
427. 신용협동조합법
428. 방송통신발전 기본법
429. 범죄피해자 보호법
430. 가축 및 축산물 이력관리에 관한 법률
431. 국가표준기본법
432. 국가통합교통체계효율화법
433. 범죄인 인도법
434. 국가과학기술 경쟁력 강화를 위한 이공계지원 특별법
435. 국제경기대회 지원법
436. 금융혁신지원 특별법
437. 수자원의 조사·계획 및 관리에 관한 법률
438. 축산자조금의 조성 및 운용에 관한 법률
439. 소방시설 설치 및 관리에 관한 법률
440. 양성평등기본법
441. 축산계열화사업에 관한 법률
442. 수입식품안전관리 특별법
443. 대외무역법
444. 국가연구개발사업 등의 성과평가 및 성과관리에 관한 법률
445. 무역보험법
446. 기술사법
447. 광산안전법
448. 농약관리법
449. 농업·농촌 및 식품산업 기본법
450. 문화산업진흥 기본법
451. 부담금관리 기본법
452. 야생생물 보호 및 관리에 관한 법률
453. 한국은행법
454. 별정우체국법
455. 원양산업발전법
456. 콘텐츠산업 진흥법
457. 한국수출입은행법
458. 외국인투자 촉진법
459. 물류정책기본법
460. 전자서명법
461. 산업발전법
462. 산업표준화법
463. 소프트웨어 진흥법
464. 토지이용규제 기본법
465. 해수욕장의 이용 및 관리에 관한 법률
466. 정보통신 진흥 및 융합 활성화 등에 관한 특별법
467. 정보통신산업 진흥법
468. 지진·화산재해대책법
469. 소금산업진흥법
470. 위치정보의 보호 및 이용 등에 관한 법률
471. 외국법자문사법
472. 이러닝(전자학습)산업 발전 및 이러닝 활용 촉진에 관한 법률
473. 암관리법
474. 실용신안법
475. 가족관계의 등록 등에 관한 법률
476. 무인도서의 보전 및 관리에 관한 법률
477. 감사원법
478. 정보보호산업의 진흥에 관한 법률
479. 결혼중개업의 관리에 관한 법률
480. 공익신고자 보호법
481. 박물관 및 미술관 진흥법
482. 낚시 관리 및 육성법
483. 동산·채권 등의 담보에 관한 법률
484. 임금채권보장법
485. 국민투표법
486. 농림수산업자 신용보증법
487. 국가채권 관리법
488. 중소기업은행법
489. 식품안전기본법
490. 외국환거래법
491. 발명진흥법
492. 건설기술 진흥법
493. 기후위기 대응을 위한 탄소중립·녹색성장 기본법
494. 인체조직안전 및 관리 등에 관한 법률
495. 엔지니어링산업 진흥법
496. 신문 등의 진흥에 관한 법률
497. 식물방역법
498. 석탄산업법
499. 산업융합 촉진법
500. 비료관리법
501. 임업 및 산촌 진흥촉진에 관한 법률
502. 복권 및 복권기금법
503. 대규모유통업에서의 거래 공정화에 관한 법률
504. 뉴스통신 진흥에 관한 법률
505. 지능정보화 기본법
506. 자격기본법
507. 중소기업 기술혁신 촉진법
508. 국가공간정보 기본법
509. 농어업재해대책법
510. 방송광고판매대행 등에 관한 법률
511. 지식재산 기본법
512. 초고층 및 지하연계 복합건축물 재난관리에 관한 특별법
513. 해양 조사와 해양정보 활용에 관한 법률
514. 공간정보산업 진흥법
515. 공공기관의 정보공개에 관한 법률
516. 행정기본법
517. 해상교통안전법
518. 농어업재해보험법
519. 문화유산의 보존 및 활용에 관한 법률
520. 자연유산의 보존 및 활용에 관한 법률
521. 국토의 계획 및 이용에 관한 법률
522. 건축법
523. 국민건강보험법
524. 계엄법
525. 환경친화적 선박의 개발 및 보급 촉진에 관한 법률
526. 해양폐기물 및 해양오염퇴적물 관리법
527. 연안사고 예방에 관한 법률
528. 전기안전관리법
529. 의약품 등의 안전에 관한 규칙
530. 공공보건의료에 관한 법률
531. 군보건의료에 관한 법률
532. 농어촌 등 보건의료를 위한 특별조치법
533. 보호소년 등의 처우에 관한 법률
534. 국가를 당사자로 하는 소송에 관한 법률
535. 간호법
536. 국립묘지의 설치 및 운영에 관한 법률
537. 주류 면허 등에 관한 법률
538. 부가가치세법
539. 자율운항선박 개발 및 상용화 촉진에 관한 법률

*** 해광출판사의 법령 시리즈는 계속 발행 됩니다.**
**** 각 도서의 개정판은 인쇄일을 기준으로 제작 되었습니다.**